초등학생을 위한
명심보감

초등학생을 위한 명심보감

개정판 1쇄 발행 · 2014년 7월 25일
개정판 3쇄 발행 · 2025년 5월 30일

엮은이 · 류동백　　　**그린이** · 안준석
펴낸이 · 김표연
펴낸곳 · (주)상서각

등 록 · 2015년 6월 10일 (제25100-2015-000051호)
주 소 · 경기도 고양시 일산동구 성현로 513번길 34
전 화 · (02) 387-1330
F A X · (02) 356-8828
이메일 · sang53535@naver.com

ISBN 978-89-7431-532-0(73190)

• 잘못된 책은 바꾸어 드립니다.

초등학생을 위한

명심보감

류동백 엮음
안준석 그림

상서각

머리말

마음을 밝히는 보배로운 책

옛것이라면 무조건 낡고 답답한 것쯤으로 여기는 사람이 많습니다. 하지만 예나 지금이나 착한 사람이 복을 받고 악한 사람이 벌을 받는다는 정의는 여전합니다.

그렇다면 사람이 사람을 존중하고 진리가 통하는 사회, 그런 사회는 어떻게 해야 이루어질까요? 그것은 자기 자신의 잘못부터 돌아보고, 항상 밝은 마음을 가지려고 노력하는 데서부터 출발합니다.

고려 충렬왕 때 '추적'이란 사람이 펴낸 것으로 보이는 《명심보감》은 바로 이러한 교훈을 우리에게 던져 주고 있습니다.

　우리의 옛 어른들은 항상 이 책을 곁에 두고 흐트러지려는 자신의 생활을 바로잡는 가르침으로 삼았습니다. 물론 그 가르침은 오늘을 사는 우리에게도 여전히 소중합니다.
　아무쪼록 어린이 여러분도 쉽게 풀어 놓은 내용들을 재미있게 읽어 가면서 그 가르침이 무엇인지 찾아보길 바랍니다. 아울러 그 가르침을 마음에 새기고 생활에 실천해서 맑고 밝은 삶을 가꾸어 나가길 바랍니다.

차 례

1장 참된 생활

1. 황금알을 낳는 닭 … 16
2. 착한 마음 악한 마음 … 22
3. 재산보다 귀한 유산 … 24
4. 은혜 갚은 짐승 … 27
5. 함정에 빠진 표범 … 36
6. 향기 나는 사람 … 38
7. 뱀과 백로 이야기 … 40
8. 하늘의 명령 … 45
9. 콩 심은 데 콩 나고 … 47
10. 하늘이 알고 땅이 알고 … 50
11. 꽃이 담긴 마음 … 52

2장 효도하는 생활

1. 효성이 지극한 정승 … 56
2. 효자 강혁 … 61
3. 부모님의 은혜 … 64

4. 부모님 앞에서는 공손히 … 66
5. 효자와 그 자손 … 68

3장 지혜로운 생활

1. 악한 사람도 스승 … 74
2. 두 마리의 말 … 76
3. 쥐가 살린 사자 … 79
4. 까마귀와 여우 … 82
5. 토끼와 거북 … 85

4장 욕심 없는 생활

1. 불 같은 욕심 … 92
2. 할 일과 해서는 안 될 일 … 94
3. 오해받는 일 … 96
4. 할아버지와 황금알을 낳는 닭 … 98
5. 미련한 자라 … 102
6. 시골 쥐와 서울 쥐 … 106

7. 비밀의 방 … 110

8. 비단 꾸러미 … 112

9. 나를 먼저 살피고 … 118

10. 입을 지키는 일 … 121

11. 장량과 노인 … 122

12. 양보하는 덕 … 128

13. 은혜를 갚은 두꺼비 … 130

5장 배우며 노력하는 생활

1. 간절한 배움 … 138

2. 한석봉과 떡 장수 어머니 … 140

3. 없어서는 안 될 사람 … 146

6장 마음을 닦는 생활

1. 충효와 보화를 바꾼 소년 … 150

2. 가난한 형제와 부자 형제 … 155

3. 개구리와 뱀과 너구리 … 158

4. 물고기와 돌멩이 … 160

5. 잘못된 재판 … 163

6. 큰 나무와 큰 사람 … 166

7. 알 수 없는 사람의 마음 … 168

8. 엉큼한 여우 … 170

9. 형제와 금덩이 … 173

10. 돌려준 황금 … 177

11. 나귀와 염소 … 182

12. 옥을 찾아 떠난 소년 … 186

13. 파리의 죽음 … 190

7장 행동을 살피는 생활

1. 5월에 구한 홍시 … 196

2. 황 정승의 양털 바지 … 199

3. 다섯 가지의 가르침(오륜) … 204

4. 세 가지 모범(삼강) … 207

5. 지켜야 할 열네 가지의 길 … 210

6. 열 가지 도둑 … 213

7. 세 가지의 없어짐 … 216

8. 입과 말 … 219

1장 참된 생활

1. 황금알을 낳는 닭
2. 착한 마음 악한 마음
3. 재산보다 귀한 유산
4. 은혜 갚은 짐승
5. 함정에 빠진 표범
6. 향기 나는 사람
7. 뱀과 백로 이야기
8. 하늘의 명령
9. 콩 심은 데 콩 나고
10. 하늘이 알고 땅이 알고
11. 꽃이 담긴 마음

1

황금알을 낳는 닭

어느 추운 겨울날, 산 밑 작은 마을에 할아버지 한 분이 나타났습니다. 그날은 어찌나 추웠던지 할아버지 수염에 하얗게 고드름이 달릴 지경이었습니다.

그 할아버지는 마을 한가운데에 있는 커다란 기와집으로 갔습니다. 그리고는 기와집 앞에 이르자 문을 두드리며,

"이리 오너라!"

하고 불렀습니다. 그러자 대문이 열리며 하인 한 사람이 나와

"무슨 일이시오?"

하고 퉁명스레 물었습니다.

할아버지는 덜덜 떨며 간청했습니다.

"지나가던 나그네인데 하룻밤만 묵어 갈 수 있도록 해 주시오. 날이 하도 추워서 한데서 잠을 잘 수 없어 그러오."

그러자 하인은 할아버지를 한번 훑어본 후 안으로 들어갔습니다. 조금 후, 살이 뒤룩뒤룩 찐 주인이 나왔습니다.

그 주인은 못마땅한 표정으로 말했습니다.

"영감, 딴 집에 가 보시구료. 내 집에는 영감을 재워 줄 방이 없소."

주인의 말에 할아버지가 애원했습니다.

"방이 아니라도 좋습니다. 이 추운 날씨에 또 어디로 가겠습니까. 헛간이라도 좋으니 하룻밤만 묵어 가게 해 주십시오."

그러나 주인은 들은 체도 않고, 다시 대문을 닫아 버렸습니다. 할아버지는 배고픔과 추위에 지친 몸으로 대문을 두드렸으나 아무 소용이 없었습니다.

그런데 이 마을에는 아주 마음씨가 곱고 효성이 지극한 한 소년이 살고 있었는데, 이름은 선동이라 하였습니다.

그날도 선동이는 추운 날씨에도 불구하고 산에 나무를 하러 갔습니다. 그런데 나무를 한 짐 해 가지고 돌아오는데, 웬 할아버지가 길에 쓰러져 있는 것을 발견하고는 깜짝 놀랐습니다.

선동이는 지고 있던 나뭇단을 내려놓고는 할아버지를 깨웠으나, 할아버지는 신음 소리만 낼 뿐이었습니다. 선동이는 있는 힘을 다해 할아버지를 들쳐업고 집으로 달려왔습니다.

"어머니!"

"선동이냐? 추운데 고생이 많았다."

하면서 문을 연 어머니는 깜짝 놀랐습니다.

"아니, 그분은 누구시냐?"

 "예, 길에 쓰러져 계시길래 모셔 왔어요."
 "저런! 어서 방으로 모시자."
 어머니는 선동이와 같이 할아버지를 부축하여 아랫목에 눕혔습니다.
 "선동아, 불을 더 지펴야겠다."
하면서 어머니가 부엌으로 가려고 하자 선동이가 얼른 일어나면서 말했습니다.
 "어머니, 불은 제가 지필게요."
 잠시 후 할아버지는 정신을 차렸습니다.

"여기가 어디요?"

"예, 할아버지. 여기는 저희 집이어요."

"너는 누구냐?"

"선동이라 부릅니다. 산에서 나무를 해 오는데, 할아버지께서 쓰러져 계시길래 모셔 온 거예요."

"그러냐? 이렇게 고마울 수가!"

그때, 어머니가 저녁상을 차려 들어왔습니다.

"시장하실 텐데 어서 드시지요."

어머니는 할아버지께 공손히 상을 올렸습니다.

"워낙 어려운 살림이라 반찬이 별로 없습니다만, 많이 드세요."

"원 별말씀을……."

할아버지는 그 밤을 선동이네 집에서 묵었습니다.

이튿날도 바람이 세게 불고 무척 추웠습니다. 선동이와 선동이 어머니는 며칠 더 묵어 가시라고 했지만, 할아버지는 떠날 채비를 하였습니다.

"정말 고맙소. 이 은혜를 어떻게 갚아야 할지……."

이렇게 말하며 할아버지는 선동이에게 선물을 주었습니다.

"내가 떠난 후 뒷산에 가면 바위굴 속에 암탉 한 마리가 있을 터이니 네가 가지거라."

할아버지와 작별을 한 선동이는 곧장 뒷산 바위굴로 갔습니다. 굴 속에는 정말 할아버지의 말씀대로 흰 암탉이 한 마리 있었습니다. 선동이는 그 닭을 안고 집으로 돌아왔습니다.

그날부터 암탉은 선동이네 식구가 되었습니다. 부엌 구석에서 살기 시작한 암탉은 어느 날 알을 낳았습니다. 어머니는 신기하여 얼른 그 알을 꺼냈습니다. 그런데 그 알은 놀랍게도 황금으로 된 것이었습니다. 그날부터 선동이네는 매일 황금알이 한 개씩 생겼습니다.

날마다 황금알을 하나씩 낳는 그 암탉 때문에 마침내 선동이네는 큰 부자가 되었습니다.

이 소문을 들은 부자 영감이 선동이네를 찾아왔습니다.

"선동아! 너희가 이렇게 잘살게 된 것은 내가 그 할아버지를 우리 집에 재우지 않았기 때문이다. 그러니 며칠 만이라도 그 닭을 빌려 주렴!"

마음씨가 착한 선동이는 그 암탉을 욕심쟁이 영감에게 빌려 주었습니다.

그런데 욕심쟁이 영감 집에 온 암탉은 황금알을 낳는 것이 아니라, 하얀 보통 알들을 낳았습니다. 그것을 본 욕심쟁이 영감은 더욱 기뻐했습니다.

"이제 우리는 굉장한 부자가 될 거다. 이 하얀 알들이 부화(알에서 깨어 나와 병아리가 되는 것)하면 여러 마리의 닭이 생길 테니까."

욕심쟁이 영감은 여러 개의 알을 닭에게 품게 하고는 스무하루 동안 매일 초조하게 병아리가 나오기를 기다렸습니다.

　그리고 마침내 스무하루가 되기 전날 밤, 욕심쟁이 영감은 황금을 낳는 닭이 여러 마리 생기는 꿈까지 꾸었습니다.

　다음날 아침, 영감이 도무지 일어나지를 않자 이상히 여긴 하인이 방문을 열었습니다. 그런데 이게 웬일입니까? 방 안에는 뱀들이 우글거리고 욕심쟁이 영감은 죽어 있었습니다.

　알에서 병아리가 깨어난 것이 아니라, 뱀이 나와서 영감을 물어 죽였던 것입니다.

계선편(繼善篇) – 끊임없는 선행(善行)

> *子曰 爲善者는 天報之以福하고
> 자 왈 위 선 자　　천 보 지 이 복
> 爲不善者는 天報之以禍니라.
> 위 불 선 자　　천 보 지 이 화

공자가 말하기를, "착한 일을 한 사람에게는 하늘이 복을 내리고, 악한 일을 한 사람에게는 하늘이 화를 내릴 것이다."고 하였습니다.

***자(子)** 공자를 말함. 이름은 구(丘)요, 자(字)는 중니(仲尼)이며, 기원전 551년 중국 노(魯)나라 창평에서 태어나 기원전 479년에 돌아가셨다. 공자는 인(仁)을 근본으로 하는 윤리 도덕에 기초한 유교의 창시자가 되었다.

2

착한 마음 악한 마음

착한 일을 계속해서 행하게 되면, 그 사람의 마음 속은 착한 생각으로 가득 차게 됩니다.

이와 반대로 착한 일을 생각하지 않고 계속 악한 짓만 행하게 되면, 그 사람의 생각은 악한 것으로 가득 차게 마련입니다.

가령 여기 비어 있는 공처럼 생긴 큰 유리그릇이 있다고 가정해 봅시다. 이 그릇에는 물을 넣기 위한 긴 대롱이 하나 위쪽에 달려 있고, 또 이 물을 빼기 위한 대롱이 밑바닥 쪽에 하나 달려 있습니다.

위쪽의 대롱에 맑은 물을 넣으면 말할 것도 없이 맑은 물이 유리그릇에 가득 차게 됩니다. 그런데 밑바닥 쪽에 달린 대롱을 열어 놓고, 계속해서 위쪽의 대롱으로 맑은 물을 부으면 이 유리그릇에는 계속 맑은 물이 고이면서 밖으로 맑은 물이 나갑니다.

그런데 이렇게 맑은 물을 붓다가 갑자기 검은 물감을 탄 물을 부으면 위의 대롱에서 흘러들어온 검은 물이 유리그릇에 가득 고이면서 밖으로 흘러 나가게 됩니다.

　맑은 물을 착한 생각, 밖으로 나가는 맑은 물을 착한 행동이라 바꾸어 생각해 봅시다. 또, 검은 물을 악한 생각, 밖으로 흘러 나가는 검은 물을 악한 행동이라고 생각해 봅시다.

　사람의 마음은 꼭 이 유리그릇과 같습니다.

　그러니 착한 생각을 하고 착하게 행동하면 언제나 우리의 마음 속은 맑을 것입니다.

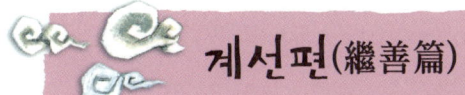
계선편(繼善篇)

*莊子 曰 一日不念善이면
장자 왈 일일불념선

諸惡이 皆自起니라.
제악　　개자기

장자가 말했습니다. "하루라도 착한 일을 생각하지 않으면 모든 악한 것이 저절로 일어나게 마련이다."

＊**장자(莊子)** 중국 춘추시대 송(宋)나라 사람으로 이름은 주(周). 중국의 대사상가인 동시에 뛰어난 문장가로서 《장자(莊子)》란 책을 남겼다.

3

재산보다 귀한 유산

사람이 아무리 오래도록 산다 해도 영원히 살 수는 없는 노릇이어서 언젠가는 목숨이 다해 죽게 마련입니다.

그래서 사람들은 살아 있는 동안에 부지런히 일을 해서 돈을 모읍니다. 그리하여 애써 모은 재산을 그 자손에게 남겨 주려고 합니다.

또, 어떤 사람들은 좋은 책들을 많이 사들여 모았다가 이 책들을 자손에게 남기기도 합니다.

이와 같은 노력은 자손을 사랑하기 때문입니다. 어버이가 세상을 떠난 다음에도 그 자손이 행복하게 잘 살 수 있기를 바라는 마음에서입니다.

그러나 예로부터 부모에게서 물려받은 재산은 3대를 지키기 어렵다는 말이 있습니다. 그러니까 할아버지가 물려준 재산이 아버지와 나, 그리고 내 다음 대까지 가기가 어렵고 그 동안에 재산이 다 없어진다는 뜻입니다.

또, 돈이 아닌 책을 물려주는 것은 어떤 결과를 가져올까요?

책은 자기의 취미에 따라 읽는 것입니다. 그러니 아버지가 유익하다고 생각해서 모아들인 책이, 반드시 그 아들도 좋아하는 책이라고 단정하기는 어렵습니다.

또, 아들의 생활 형편상 책을 많이 읽을 수 없는 처지에 놓일 수도 있습니다. 그렇기 때문에 자손에게 책을 물려준다 해도, 그 자손이 그 책을 다 읽을 수는 없습니다.

그러므로 자손들을 위해서는 돈을 모아 물려주는 일보다, 책을 많이 모아 물려주는 일보다 다른 방법으로 도움을 주어야 하는데, 그 방법은 남모르게 덕을 쌓는 것입니다. 다시 말하면, 자손들을 위해 남몰래 덕을 베풀고 착한 일을 하는 것입니다.

그리하면 그 덕과 착한 일들이 반드시 그의 자손에게 도움을 주게 됩니다.

계선편(繼善篇)

*司馬溫公이 曰 積金以遺子孫이라도
　사마온공　　왈　적금이유자손

未必子孫이 能盡守요,
미필자손　　능진수

積書以遺子孫이라도
적 서 이 유 자 손

未必子孫이 能盡讀이니,
미 필 자 손   능 진 독

不如積陰德於冥冥之中하여
불 여 적 음 덕 어 명 명 지 중

以爲子孫之計也니라.
이 위 자 손 지 계 야

사마온공이 말하기를, "돈을 모아 자손에게 남겨 주더라도 꼭 이것을 다 지키지 못할 것이고, 책을 모아 자손에게 남겨 주더라도 반드시 이를 다 읽지 못할 것이다. 그러니 남모르게 숨은 덕을 쌓음으로 해서 자손을 위하는 것만 같지 못하다."고 하였습니다.

* **사마온(司馬溫)** 이름은 광(光), 자(字)는 군실(君實). 중국 북송(北宋) 때의 정치가이자 학자로, 신종(神宗) 때 왕안석(王安石)의 신법(新法)을 반대하여 쫓겨났다가 철종(哲宗)이 즉위하자 재상이 되어 신법을 폐지하고 옛 제도를 회복시켰다.

4 은혜 갚은 짐승

　장용이란 사냥꾼은 산속에 살면서 호랑이를 잡는 일에 골몰하였습니다. 장용의 할아버지와 아버지가 모두 호랑이에게 변을 당했기 때문에 호랑이란 호랑이는 다 잡아 할아버지와 아버지의 원수를 갚으려는 것이었습니다.
　장용은 깊은 함정을 파 놓고, 날마다 호랑이가 빠지기를 기다렸습니다. 그러다가 호랑이가 아닌 다른 짐승이 함정 속에 빠지면 장용은 그 짐승들을 꺼내 놓아 주곤 했습니다.
　그러던 어느 날, 임금님을 모시는 장군 한 사람이 이 산으로 사냥을 나왔다가 그만 사자 한 마리와 맞닥뜨리게 되었습니다. 장군은 걸음아 나 살려라 하고 도망치고, 사자는 놓칠세라 장군을 뒤쫓아갔습니다. 그러다가 장군과 사자는 함께 장용이 파 놓은 함정에 빠지고 말았습니다.
　그런데 그들의 뒤를 이어 또 함정에 빠진 짐승들이 있었습니다. 맨 먼저 쥐 한 마리가 빠지고, 그 뒤를 따라 쥐를 잡아먹으려고 쫓아오던 독사 한 마리가 빠졌습니다. 그리고 또 그 독사를 잡아먹으려고 쫓아오던 매도 같이 함정에 빠졌습니다.

그러니까 함정에는 장군, 시자, 쥐, 독사, 매 이렇게 빠진 것입니다. 함정의 문은 꼭 닫혀 버려 도저히 빠져나갈 도리가 없었습니다.

모두들 겁에 질렸습니다. 장군은 사자에게 잡아먹힐까 두려웠고, 독사는 매에게 잡아먹힐 것 같아 겁이 났습니다. 또, 쥐는 독사가 저를 잡아먹지나 않을까 조마조마했습니다. 이러한 상황에서 사자가 입을 열었습니다.

"지금 우리는 너나없이 모두 죽게 되었다. 그러니 이 속에서 누가 누구를 잡아먹는다는 것은 더욱 우리를 불행하게 만들 뿐이다. 우리는 힘을 합하여 이 함정에서 빠져나갈 궁리를 해야 한다."

사자의 이 말에 장군은,
"그것 참 좋은 생각이다! 모두 그렇게 하자."
하고 찬성을 했습니다. 그래서 사람과 짐승들은 서로에게 잡아먹힐 걱정은 없어졌습니다.
그리고 얼마가 지난 뒤, 함정을 파 놓은 장용이 왔습니다.
"함정에 뭐가 많이 빠진 것 같군. 호랑이라도 빠졌으면 좋으련만……."
장용은 함정 속에다 소리쳤습니다.
"거기 빠진 건 누구냐? 혹시 호랑이가 아니냐?"
"오, 사냥꾼 아저씨, 저희들 가운데 호랑이는 없습니다. 제발 저희들을 살려 주십시오."
그런데 함정 안에 갇힌 장군은 이렇게 큰 소리로 호령을 하는 것이었습니다.
"나는 임금님을 지키는 장군이다! 빨리 나를 구해 내지 않으면 벌을 받을 줄 알아라!"
그러나 장용은 이 말은 들은 체도 하지 않고, 다시 한 번 더 허리를 굽혀 함정 속을 조심스럽게 들여다보며 말했습니다.
"그러면 너희들은 호랑이는 아니겠지?"
"아닙니다. 그렇구말구요."
하고 쥐가 찍찍 소리를 내며 말했습니다.

이 말에 뒤를 이어 독사가 말했습니다.

"저도 호랑이는 아닙니다."

"저는 날개가 달렸으니 호랑이일 리가 없습니다."

하고 매도 한 마디 했습니다.

"그래, 알겠다."

"아저씨, 저는 호랑이와 비슷하게 생기긴 했지만, 이렇게 제 목에는 갈기가 있잖습니까."

"그래 그래, 알았다."

장용이 함정의 문을 열어젖히자, 맨 먼저 사자가 껑충 뛰어 밖으로 나왔습니다. 사자는 장용의 몸에다가 제 몸을 비벼 대며 말했습니다.

"살려 주셔서 고맙습니다. 이 은혜는 꼭 갚겠습니다. 그런데 저 속에 있는 사람은 마음씨가 곱지 못하니 살려 주면 훗날 아저씨에게 반드시 해를 끼칠 것입니다. 그러니 구해 주지 마십시오."

사자는 말을 마치고 산속으로 사라져 버렸습니다.

뒤이어 매도 함정에서 나와 멀리 날아가 버리고, 쥐도 기어 나오고, 독사도 함정에서 나왔습니다. 남은 것은 장군이라는 사람뿐이었습니다.

"어서 나를 꺼내라!"

그 사람은 여전히 호령했습니다.

"당신만 남았군요. 그런데 사자가 당신은 나쁜 사람이니 구해 주지 말라고 일러 줍디다. 하지만 그렇다고 당신만 안 구해 줄 수는 없지 않소. 잠깐만 기다리시오."

장용은 굵은 밧줄을 함정 속으로 드리워 장군을 꺼내 주었습니다. 그러나 장군은 장용에게 고맙다는 인사말 한 마디도 없이 거드름을 피우며 돌아가 버렸습니다.

그런데 이런 일이 있고 얼마 후, 장용은 병이 나서 시름시름 앓게 되었습니다.

장용이 사냥을 못하게 되자 집에는 쌀도 떨어졌습니다.

보다 못한 장용의 아내가 쌀을 얻으러 마을로 내려가려고 집을 막 나서려는데, 숲 속에서 커다란 사자 한 마리가 나타나더니 문 앞에 서 있는 장용의 아내를 향해 걸어오는 것이었습니다. 장용의 아내는 너무나 놀라, 그만 문 앞에서 꼼짝도 못하고 사자를 바라보고만 있었습니다.

그런데 사자는 입에다 커다란 사슴고기를 물고 오더니, 장용의 집 문 앞에다 그것을 내려놓고는 조용히 가 버리는 것이었습니다.

장용의 아내는 마을로 가려던 발길을 멈추고, 그 사슴고기를 가져다 식사 준비를 하였습니다. 그 후 사자는 밤마다 장용의 집 앞에다 고기를 물어다 놓고 가는 것이었습니다.

하루는 또 이상한 일이 벌어졌습니다. 한 마리의 매가 장용의 집 마당 위를 빙빙 돌더니, 입에 물고 온 가죽주머니 하나를 마당에 떨어뜨리고 가 버렸습니다. 장용의 아내가 얼른 가 그것을 주워 보니, 그 속에는 값진 보석이 들어 있었습니다.

그것은 사실 대궐에 있는 왕비의 것이었는데, 왕비가 뜰에 나와 꽃구경을 하면서 곁에다 놓고는 그만 잊어버린 것을 매가 물어 온 것이었습니다.

그런데 이 보석에 대한 소문이 나라 안에 퍼지게 되자 임금님을 지키는 장군이 병졸들을 데리고 산속으로 장용을 찾아왔습니다.

그는 장용에게 말했습니다.

"이 보석이 왕비님의 것인 줄 너는 알고 있느냐? 임금님은 이 보석을 가진 자를 찾아내면 당장 죽이라고 말씀하셨다. 하지만 너는 전에 나를 구해 준 은인이니 목숨만은 살려 주겠다."

장군은 잠시 말을 그쳤다가 다시 계속했습니다.

"자, 이 보석을 아무도 모르게 우리 둘이서 반씩 나누어 갖자. 네가 훔쳤다는 말만 임금님께 아뢰지 않으면 너와 나는 큰 부자가 되는 거다."

그러나 이 말을 들은 장용은 펄쩍 뛰었습니다.

"그건 안 될 말입니다. 나는 이 보석을 훔치지도 않았거니와 이 보석이 왕비님의 것이라면 당연히 왕비님께 돌려 드려야 합니다."

이 말에 화가 난 장군은 부하 병졸들을 불러 장용을 꽁꽁 묶어 대궐로 끌고 갔습니다.

장군은 보석주머니를 임금님에게 바치고는, 훔쳐 간 죄인을 끌고 왔다고 아뢰었습니다. 그러자 임금님은 곧 장용을 옥에 가두게 하고 장군에게는 많은 상금을 내렸습니다.

장용은 죽을 날만 기다리는 사형수의 신세가 되었습니다.

그런데 한밤중이 되자, 감옥 한구석에서 2개의 파란 눈이 반짝이는 것이었습니다. 장용이 깜짝 놀라 바라보고 있으려니까 그 눈은 그에게로 다가왔습니다.

"아저씨, 저는 아저씨가 살려 주신 쥐입니다. 아저씨의 딱한 처지를 듣고 도와드리러 왔습니다."

쥐는 계속해서 말했습니다.

"그때 함께 살려 주신 독사도 같이 왔습니다. 아저씨의 은혜를 갚게 되어 정말 다행입니다."

이 말을 할 때, 독사도 앞으로 나왔습니다. 독사는 입에서 동그란 알약을 한 알 토해 내더니, 장용에게 주며 말했습니다.

"이 약을 잘 간직하고 계십시오. 내일 임금님이 대궐 뜰에서 꽃구경을 할 때 제가 임금님을 물겠습니다. 그러면 임금님은 곧 죽게 될 터인데, 그때 아저씨께서 그 알약을 임금님께 잡수시게 하면 임금님은 씻은 듯이 나을 것입니다."

말을 마친 독사와 쥐는 감옥에서 빠져나갔습니다. 아니나 다를까 독사의 말대로 임금님은 다음날 낮에 뜰을 거닐다가 독사에게 물렸습니다. 그러자 상처가 금세 부어오르고 임금님은 꼼짝도 못하게 되었습니다.

곧 나라 안의 훌륭하다는 의원을 다 불러들였지만, 독사에 물린 임금님을 살려 낼 도리가 없었습니다.

그때 아주 나이가 많은 한 의원이 말했습니다.

"임금님을 문 독사의 입 안에 있는 알약을 잡수셔야만 나으실 수 있습니다."

하지만 그 알약을 어떻게 구하겠습니까? 그런데 바로 그때였습니다. 쥐 한 마리가 임금님이 누운 방 안으로 들어오더니 왕비님에게 말했습니다.

"왕비님, 옥에 갇혀 있는 장용이란 사형수가 그 알약을 가지고 있습니다."

이 말에 장용은 곧 옥에서 나와 임금님 앞에 나왔습니다. 그리고 곧 몸에 지니고 있던 독사가 준 알약을 임금님께 먹였습니다. 그러자 얼마 뒤에 임금님은 거짓말처럼 살아났습니다. 장용은 지금까지 있었던 일을 모두 임금님께 아뢰었습니다.

임금님은 크게 노하여 장군을 잡아들이라고 했지만, 장군은 낌새를 알아차리고 벌써 도망쳐 버리고 없었습니다. 그 얘기를 들은 장용은 임금님께 아뢰었습니다.

"임금님, 잘됐습니다. 장군을 용서해 주십시오. 그도 자기의 잘못을 뉘우치고 있을 것입니다."

이 말에 임금님은 장용의 착한 마음씨를 갸륵하게 여겨 더 후한 상을 내렸습니다.

계선편(繼善篇)

*景行錄에 曰 恩義를 廣施하라.
경행록   왈 은의   광시

人生何處不相逢이라.
인생하처불상봉

讐怨을 莫結하라.
수원   막결

路逢狹處면 難回避니라.
노봉협처   난회피

『경행록』에 이렇게 쓰여 있습니다. "은혜와 의리를 널리 베풀어라. 사람이 살아가다 보면 어느 곳에서든지 서로 만나게 마련이다. 원수와 원한을 맺지 말라. 좁은 길에서 만나면 피하기가 어렵다."

***경행록(景行錄)** 중국 송나라 때에 지어진 책. 책은 전하지 않고 내용의 일부만 볼 수 있는데, 떳떳하고 밝은 행위를 하라고 가르친 책이다.

5 함정에 빠진 표범

표범 한 마리가 길을 가다 잘못해서 함정에 빠졌습니다.
'큰일났군! 빨리 여기서 빠져나가야지. 어물어물하다가는 사냥꾼에게 잡히겠다.'
표범은 이런 생각을 하면서, 함정에서 빠져나가려고 안간힘을 썼습니다. 그런데 그때 마침 양치기 세 사람이 지나가다가 함정에 빠진 표범을 보았습니다.
"저런, 표범이 함정에 빠졌구먼! 옳지, 이놈을 골려 주자!"
하며 한 양치기가 들고 있던 지팡이로 표범을 찔렀습니다. 또 다른 양치기는 표범에게 돌을 던졌습니다. 그런데 다른 한 명의 양치기는 두 사람의 짓궂은 장난을 말리며 말했습니다.
"왜들 그러나, 불쌍한 짐승을 못 살게 굴면 안 되지!"
하며 전대에서 먹다 남은 음식을 꺼내 함정 속으로 던져 주었습니다. 표범은 그 음식을 받아 먹고 기운을 차릴 수가 있었습니다. 밤이 되자 표범은 함정 밖으로 뛰어나왔습니다. 그리고는,

"옳지! 원수를 갚아야지!"
하며 자기를 지팡이로 찌르고, 돌로 때린 양치기들의 집으로 가 양들을 닥치는 대로 물어 죽였습니다. 그러자 표범에게 먹을 것을 주었던 양치기가 이것을 보고 깜짝 놀라며 말했습니다.
"내 양들만은 제발 건드리지 말게."
"물론이죠! 내게 먹을 것을 준 사람을 난 알고 있으니까요."
하며 표범은 자기에게 고맙게 해 준 양치기의 양은 한 마리도 해치지 않았습니다.

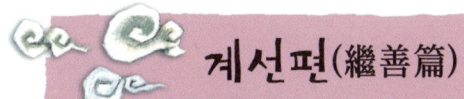

계선편(繼善篇)

莊子 曰 於我善者도 我亦善之하고
장자 왈 어아선자 아역선지

於我惡者도 我亦善之니라. 我旣於人에
어아악자 아역선지   아기어인

無惡이면 人能於我에 無惡哉인저.
무악   인능어아   무악재

장자가 말하기를, "나에게 착하게 하는 이에게 나 또한 착하게 하고, 나에게 악하게 하는 이에게도 또한 착하게 하라. 내가 이미 남에게 악하게 하지 않았으면 남이 나에게 악하게 하는 일은 없을 것이다." 라고 하였습니다.

6

향기 나는 사람

냄새에는 크게 두 가지가 있는데, 누구나 맡기를 좋아하는 향기로운 냄새와 모두가 그것을 맡기를 싫어하는 좋지 않은 냄새가 있습니다.

그런데 사람에게도 마찬가지로 냄새가 있습니다.

처음 보았을 때부터 친하게 지내고 싶어지는 사람이 있는데, 그것은 그 사람에게서 풍기는 향기 때문입니다. 얼굴이 잘생겼다고 해서 친해지고 싶어지는 것이 아닙니다. 반대로, 얼굴이 못생겼다고 멀리하고 싶은 것도 아닙니다.

아주 멋지게 생긴 사람인데도 가까이 오는 것이 싫은 경우가 있는데, 그것은 그 사람에게서 풍기는 냄새가 좋지 않기 때문입니다.

또, 공부를 많이 한 사람 가운데에도 가까이하기가 싫은 사람이 있는가 하면, 많이 배우지 못한 사람인데도 친해지고 싶은 사람이 있습니다.

이처럼 공부를 아주 잘했다거나, 사회적으로 지위가 높다고 해서 그 사람에게서 향기로운 냄새가 풍기는 것은 아닙니다.

　그 사람이 세상을 살아가면서 얼마나 사람답게 살아가느냐, 얼마나 착하게 살아가느냐에 따라 향기로운 냄새를 지니게도 되고, 얼굴을 찡그리게 하는 안 좋은 냄새를 지니게도 되는 것입니다.

　또, 우리가 말하는 '인격'을 냄새로 비유할 수도 있습니다.

　인격이 다듬어진 사람은 향기로운 냄새를 풍기는 사람이라 말할 수 있고, 인격이 갖추어지지 않은 사람은 고약한 냄새를 풍기는 사람이라고 말할 수 있습니다.

계선편(繼善篇)

子 曰 見善如不及하고 見不善如探湯하라.
자 왈 견선여불급　　　　견불선여탐탕

공자가 말하기를, "착한 것을 보거든 아직도 부족하게 여기고, 악한 것을 보거든 마치 끓는 물을 만지듯 하라."고 하였습니다.

뱀과 백로 이야기

어느 마을에 김 좌수라는 할아버지가 살고 있었습니다.

그리고 언제부터인가 그 마을 연못가 버드나무에 백로가 집을 짓고 새끼를 기르고 있었습니다.

그런데 어느 날 귀여운 백로 새끼가 삐약삐약 울며 갸웃갸웃 고갯짓을 하고 노는데, 어디서 나타났는지 큰 뱀 한 마리가 어슬렁어슬렁 백로의 집으로 새끼를 잡아먹으러 올라가는 것이었습니다.

이것을 본 김 좌수는 백로 새끼가 불쌍한 생각이 들어 백로 새끼를 도와줄 마음으로 허리춤에 찼던 칼을 꺼내서 휙 하고 던졌습니다.

칼은 용케도 뱀을 맞혔고, 칼자루가 부러지면서 뱀은 연못으로 떨어져 죽어 버렸습니다.

그리고 다음 해 봄이 되어 새싹이 파릇파릇 돋아날 때 김 좌수는 연못가 버드나무 아래에 앉아서 낚시질을 하고 있었습니다.

　드디어 얼마 후에 매우 큰 뱀장어가 걸렸습니다.

　김 좌수는 몹시 기뻐하면서 뱀장어를 요리해서 저녁상에 올리도록 하였습니다.

　그런데 이게 어찌 된 일입니까?

　작년 여름, 뱀을 죽일 때 던졌던 그 부러진 칼자루가 뱀장어 뱃속에서 나온 것입니다.

　이상하다고 생각하면서도 김 좌수는 그냥 뱀장어 요리를 먹었습니다. 그런데 이상한 일이 생겼습니다.

　다음날부터 김 좌수의 배가 점점 부어오르며 몹시 아파 왔습

니다. 여러 가지 약을 먹었지만 아무런 효과가 없었습니다. 날이 갈수록 아픔은 더해만 갔습니다.

"아, 작년에 죽은 뱀이 나에게 앙갚음을 하는 모양이구나. 아, 정말 이제 나는 이렇게 죽어야만 하는가!"

김 좌수는 뒷일을 집안 식구들에게 부탁하고는, 오늘 내일 죽을 날만 기다리고 있었습니다.

그러던 어느 몹시 더운 여름날이었습니다.

방 안에 있으려니 너무나 더워 김 좌수는 마당 앞에 있는 수양버들 밑에다가 돗자리를 깔고 누워 있었습니다. 시원한 그늘에 있던 김 좌수는 꾸벅꾸벅 졸다가 어느덧 잠이 들고 말았습니다.

그런데 그 모습을 아까부터 버드나무 위에 있던 백로가 내려다보고 있었습니다.

그러다 김 좌수가 깊은 잠에 빠지자 백로가 휙 날아 김 좌수 곁으로 내려오더니, 김 좌수의 배를 자신의 긴 주둥이로 꾹꾹 찌르는 것이었습니다. 그러자 놀랍게도 김 좌수의 뱃속에서 수많은 새끼뱀들이 연이어 나왔습니다. 그 바람에 김 좌수의 아팠던 배는 씻은 듯이 나았습니다.

그런 일이 있은 뒤부터는 그 동네를 '백로지'라고 부르게 되었으며, 지금까지도 그렇게 부르고 있다고 합니다.

백로지라는 것은 '백로가 살고 있는 마을'이라는 뜻입니다.

계선편(繼善篇)

*東岳聖帝垂訓에 曰
동악성제수훈 왈

一日行善이라도 福雖未至나
일일행선 복수미지

禍自遠矣요,
화자원의

一日行惡이라도 禍雖未至나
일일행악 화수미지

福自遠矣니,
복자원의

行善之人은 如春園之草하여
행선지인 여춘원지초

不見其長이라도 日有所增하고,
불견기장 일유소증

行惡之人은 如磨刀之石하여
행악지인 여마도지석

不見其損이라도 日有所虧니라.
불견기손 일유소휴

동악성제가 훈계를 내려 말하기를, "하루 착한 일을 행하였더라도 복은 비록 바로 나타나지 않으나, 화는 자연히 멀어질 것이요, 하루 악한 일을 행하였더라도 화는 비록 바로 나타나지 않으나, 복은 자연히 멀어질 것이다. 착한 일을 하는 사람은 봄 동산의 풀과 같아서 그 자라나는 것이 눈에는 보이지 않으나 날마다 자라고, 악한 일을 하는 사람은 칼을 가는 숫돌과 같아서 닳아 없어지는 것이 눈에는 보이지 않으나 날마다 닳아 없어지는 것과 같다." 고 하였습니다.

***동악성제(東岳聖帝)** 도가(道家)의 태산부군(泰山夫君)의 별칭. 중국 산동성 태안 북쪽에 있는 태산의 신을 모신 동악묘의 본존으로, 옥황상제를 대신하여 사람의 영혼과 생명을 관리한다.

8 하늘의 명령

돛을 단 배가 넓은 강을 지나갈 때, 불어오는 바람을 타고 바람 부는 방향으로 가면 쏜살같이 잘 갑니다. 그러나 바람을 거슬러서 가려고 하면, 결국 바람과 싸우다가 배가 뒤집히든지, 그냥 반대 방향으로 떠내려가고 말 것입니다.

사람이 세상을 살아가는 이치도 이와 꼭 같습니다. 하늘이 명하는 대로 사는 사람은 이 세상에 보람찬 삶을 남기며 살아갑니다. 이와 반대로, 하늘이 명하는 대로 살아가지 않고 그 반대로 살아가는 사람은 이 세상에 보람 있는 삶을 남길 수 없습니다.

사람이 사는 것은 커다란 빌딩을 짓는 일에 비유할 수 있고, 하늘이 명하는 명령은 착하게 사는 일과 정의롭게 사는 일이라 하겠습니다. 그래서 착하고 정의롭게 사는 사람은 마치 큰 빌딩의 벽돌을 한 장 한 장 올바르게 쌓아 올라가는 사람으로서 그가 일생을 다 마치고 나면 그 사람 나름의 빌딩이 세워집니다.

그러나 착함 대신에 악하게 살고, 정의로움 대신에 부정한 삶을 사는 사람은 그 일생을 통해 자기 나름의 집을 짓기는 하나, 그 집은 그의 후손이 들어가 살 만한 집이 못 될 뿐 아니라 그 집 때문에 그 곁에 지은 집들에게까지 좋지 않은 영향을 끼치게 될 것입니다.

그러기 때문에 착함은 오래오래 향기를 뿜으며 남아 있지만, 악은 지독한 냄새를 뿜으며 금세 사라지고 말 것입니다.

천명편(天命篇) – 하늘에 순종하는 길

子 曰 順天者는 存하고
자 왈 순천자 존
逆天者는 亡이니라.
역천자 망

공자가 말하기를, "천명(天命 : 선과 정의를 행하는 것)을 순종하는 자는 살고, 천명을 거역하는 자는 망하느니라." 고 하였습니다.

9

콩 심은 데 콩 나고

'콩 심은 데에 콩 나고, 팥 심은 데에 팥 난다.'는 속담이 있습니다. 이 속담은 사람은 자기가 한 행실대로 거둔다는 가르침입니다.

오이씨를 심어 놓고, 참외가 싹트기를 기다리는 사람이 있다면 사람들은 그를 바보라고 할 것입니다.

또, 학교에서 시험이 시작되었는데, 공부는 하지 않고 빈둥빈둥 놀기만 하다가 시험에서 좋은 성적을 받겠다고 생각하는 사람이 있다면 얼마나 어리석은 사람입니까? 이런 사람은 곧 오이씨를 심어 놓고 참외가 싹트기를 기다리는 어리석은 사람입니다.

사람의 일생은 어떤 씨앗을 심고 가꾸어 거두는 일에 비유할 수 있습니다.

좋은 열매를 얻기 위해서는 처음부터 좋은 씨를 심어 놓고 그 씨가 싹이 잘 트도록 물을 주고 흙을 보드랍게 북돋워 주어

야 합니다.

  그리고 싹이 튼 다음에는 그것이 잘 자랄 수 있도록 거름을 주고 벌레가 생기지 않도록 보살펴 주는 일을 게을리해서는 안 됩니다.

  또, 장마가 지면 밭에 물이 잘 빠지도록 도랑을 만들어 주어야 합니다. 그리고 이러기를 열매를 거둘 때까지 쉬지 않고 계속해야 되는 것입니다.

  그리하여 나중에 그 사람이 어떤 열매를 거두었는가에 따라 그 사람이 인생을 보람 있게 살았다고도 말하며, 그와 반대로 보람 없는 일생을 보냈다고도 말하게 됩니다.

　사람은 언제 어디에서든 그리고 무슨 일을 하든 간에, 심은 대로 거두게 마련입니다.

　악을 심었으면 거둬들일 수 있는 열매는 악일 수밖에 없으며, 착한 것을 심었으면 말할 나위도 없이 착한 열매를 거두기 마련입니다.

천명편(天命篇)

種瓜得瓜하고　種豆得豆니,
종 과 득 과　　　종 두 득 두

天網이　恢恢하야
천 망　　회 회

疎而不漏니라.
소 이 불 루

오이씨를 심으면 오이를 얻고 콩을 심으면 콩을 얻으니, 하늘의 그물이 넓고 넓어서 보이지는 않으나 새지 않느니라.

10

하늘이 알고 땅이 알고

우리나라 속담에 '낮말은 새가 듣고 밤말은 쥐가 듣는다.' 는 말이 있습니다.

이 속담은 다른 사람이 보고 있지 않으며 아무도 듣는 사람이 없는 곳일수록 더욱 말과 행동을 조심해야 된다는 가르침입니다.

누가 내 말을 듣는다고 해서 말조심을 하고, 아무도 듣지 않는다고 해서 말을 함부로 해서는 안 됩니다.

또, 다른 나라 속담에 '하늘이 알고 땅이 알고 내가 안다.' 는 말이 있습니다.

이 말은 곧 아무도 보지 않는 곳에서 나 혼자 어떤 좋지 않은 일을 했을 경우, 그 일은 나 혼자만 알고 있는 것이라고 생각하기 쉽지만, 사실은 하늘이 내려다보았으니 하늘이 알고 있고 땅이 또한 쳐다보고 있었으니 땅이 알고 있으며 나 자신도 물론 알고 있다는 뜻입니다.

그렇기 때문에 '나 혼자' 라는 경우는 없다는 가르침입니다. 그러므로 우리는 언제나 모든 생각과 말과 행실을 삼가며 조심해야 합니다.

천명편(天命篇)

*玄帝垂訓에 曰
현제수훈 왈

人間私語라도 天聽은 若雷하고
인간사어   천청   약뢰

暗室欺心이라도 神目은 如電이니라.
암실기심   신목   여전

현제가 훈계를 내려 말하기를, "사람의 사사로운(개인적인) 말도 하늘이 듣기에는 우뢰와 같이 크게 들리며, 어두운 방 속에서 마음을 속여도 신(神)의 눈은 번개와 같이 보고 있다."고 하였습니다.

*현제(玄帝) 도가(道家)에서 받들어 모시는 신으로, 천제(天帝)라고도 함.

11

꽃이 담긴 마음

사람의 마음을 그릇에 비유하면, 그 그릇에 아주 향기로운 꽃을 가득 채웠을 때에는 향기로운 꽃 향기가 풍길 것입니다.

이와 반대로, 그 그릇에 고약한 냄새가 나는 풀을 채웠다고 한다면 그 그릇에서 풍기는 냄새도 고약할 것입니다.

우리의 마음은 마치 그릇과 같은 것입니다. 그래서 그 마음의 주인에 따라 그 마음의 그릇에 담기는 것이 각각 다르게 마련입니다.

어떤 사람은 착한 사람이어서 착한 것으로만 그 마음을 채웁니다. 또, 어떤 사람은 사람 됨됨이가 악해서 그 마음을 악한 것으로만 채우게 됩니다.

착한 것으로 마음을 가득 채운 사람은 그가 하는 생각이 착하고, 그의 입에서 나오는 말이 아름답고, 그의 행실이 착하기만 할 것은 당연합니다. 이처럼 착한 사람은 이웃 사람의 사랑을 받아 그가 하려는 일에 도움을 받고, 또 모든 사람이 축복을 아끼지 않을 터이므로 그가 하는 일은 잘될 수밖에 없습니다.

　이와 반대로, 악한 것으로만 마음을 가득 채운 사람은 그의 생각과 말이 악하고, 또 그가 하고 있는 모든 행실이 악합니다. 그러니 그 이웃이나 그를 알고 있는 사람들에게 미움을 받을 것은 당연한 일입니다. 그러니 그는 끝내 모든 일에 실패하고 말 것입니다.

　뿐만 아니라, 악한 사람은 이 악에 대한 갚음이 따르게 마련입니다.

천명편(天命篇)

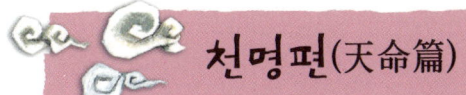

*益智書에 云 惡鑵이 若滿이면
익 지 서　　운 악 관　　약 만
天必誅之니라.
천 필 주 지

『익지서』에 이르기를, "나쁜 마음이 가득 차면 하늘이 반드시 죽일 것이다."라고 하였습니다.

＊**익지서(益智書)** 중국 송나라 때 간행된 책.

2장 효도하는 생활

1. 효성이 지극한 정승
2. 효자 강혁
3. 부모님의 은혜
4. 부모님 앞에서는 공손히
5. 효자와 그 자손

1 효성이 지극한 정승

사람이 늙어 일을 못하게 되면 누구든 깊은 산에 끌어다가 내버려야 하는 법이 있는 나라가 있었습니다.

그런데 이 나라에는 아주 마음씨가 착하고 부모에게 효성이 지극한 정승 한 분이 있었습니다. 이 정승에게는 언제나 떠나지 않는 걱정이 있었습니다. 그것은 집에 나이 많은 아버지를 모시고 있었기 때문입니다.

효성이 지극한 정승은 차마 사랑하는 아버지를 산에다 버릴 수가 없었습니다. 지난날 자기를 낳아 길러 준 아버지를 생각하면 도저히 그렇게 할 수는 없었습니다. 정승은 목숨을 바쳐서라도 아버지를 봉양하는 것이 자식의 도리라고 생각하였습니다.

그래서 그 정승은 무슨 좋은 방법이 없을까 생각하던 중에 집 뒤뜰에 땅굴을 깊이 파서 그 속에 아버지를 숨기고 아무도 모르게 봉양하기로 하였습니다.

그 후 몇 해가 지난 뒤, 이 나라에 매우 난처한 일이 생겼습니다.

그것은 이웃의 크고 강대한 나라의 왕이 찾아와서 어려운 문제 하나를 내어 놓고는 만일 7일 안으로 답을 내놓지 못하면 백성을 모두 종으로 삼겠다는 무서운 제안을 한 것입니다.

그 문제는 바로 뱀 두 마리를 내놓으면서 어느 것이 수놈이고, 어느 것이 암놈인지 맞히라는 것이었습니다.

임금은 크게 걱정하였습니다. 신하들에게 물어보아도 이 문제의 답을 내놓는 사람이 한 사람도 없었습니다.

정승도 크게 근심을 하다가 하루는 땅굴 속에 있는 아버지에게 그 문제를 여쭈어 보았습니다. 그랬더니 아버지는,

"그거야 쉬운 문제지! 부드러운 담요를 펴 놓고 그 위에 뱀을 놓아 보아라. 그 위에서도 잘 기는 놈은 수놈이고, 가만히 있는 놈은 암놈이란다."

하고 가르쳐 주었습니다.

이 효자 정승은 임금에게 달려가 곧 이 말을 아뢰어 이 어려운 문제를 풀었습니다.

그러나 욕심 많은 이웃 나라 왕은 물러나지 않고 다시 한 문제를 더 냈습니다.

이번에는 꼭 같은 흰 말 두 필을 끌어다 놓고, 어느 것이 어미 말이고 어느 것이 새끼 말인지 알아맞히라는 것이었습니다.

 이때도 효자 정승은 땅굴 속에 있는 아버지에게 가 물었습니다. 아버지는 이번에도 역시,
 "그것도 몰라! 두 마리 말을 한데 세워 두고 먹을 풀을 주어 보면 알지. 먼저 받아먹는 것이 새끼 말이고, 나중에 받아 먹는 말이 어미 말이다."
하고 가르쳐 주었습니다. 이번에도 이 효자 정승 덕택으로 어려운 문제를 풀 수 있었습니다.
 그러나 이웃 나라 왕은 또다시 세 번째 문제를 내놓았습니다. 이웃 나라 왕은 네모진 나무토막 하나를 내놓고서,

"이 나무토막의 어느 쪽이 위통이고, 어느 쪽이 아래통이냐?"

하고 물었습니다. 이 문제도 역시 답을 알아내는 사람이 없었습니다. 그런데 이번에도 효자 정승의 아버지가 쉽게 답을 알아맞혔습니다.

나무를 물에 띄워 위로 가는 쪽이 위통이고, 아래로 가는 쪽이 아래통이라는 것이었습니다.

결국 또 지고 만, 문제를 냈던 이웃 나라 왕은 도리어 많은 돈과 물품을 상금으로 내놓고 돌아가 버렸습니다.

임금은 대단히 기뻐하면서 효자 정승을 불러 후한 상금을 주고는 어떻게 그리 잘 아느냐고 물었습니다. 그리고 원하는 것이 있으면 나라의 절반이라도 줄 터이니 무엇이든지 말하라고 하였습니다.

그때에 정승은 공손한 태도로 눈물을 흘리면서 말하기를,

"황송하옵니다. 사실은 제가 맞힌 것이 아니라 저희 아버지께서 가르쳐 주신 것입니다. 용서하여 주십시오. 저는 지금까지 임금님을 속이고 국법을 어겼습니다. 저희 아버지는 깊은 산 속에다 버리지 않으면 안 될 나이 많으신 노인입니다. 그러나 자식된 도리에 차마 그럴 수 없어서 남몰래 뒤뜰 땅굴 속에 숨기고 이날까지 모셔 왔습니다. 사실은 죽을 죄를 지었사오니 인자하신 임금님께서 저의 소원을 한 가지라도

들어주실 수 있다면 국법을 고치시어 노인을 산에 버리지 않고 함께 살면서 잘 봉양토록 하여 주십시오."

하고 아뢰었습니다.

이 말을 들은 임금도 크게 감동하여,

"내 잘못을 용서해 주게. 이제 곧 법을 고치어 자네 아버지와 같은 나이 많은 노인들을 잘 봉양하도록 하겠네."

하고 약속하였습니다.

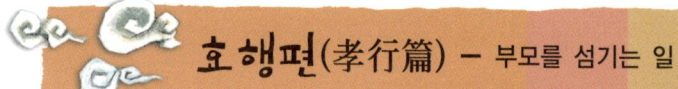

효행편(孝行篇) - 부모를 섬기는 일

*詩에 曰, 父兮生我하시고 母兮鞠我하시니
　시　왈　부혜생아　　　　모혜국아

哀哀父母여, 生我劬勞샷다.
애애부모　　생아구로

欲報之德인데 昊天罔極이로다.
욕보지덕　　　호천망극

『시경』에서 말하기를, "아버지 나를 낳으시고 어머니 나를 기르시니, 아아 애달픈 어버이시여, 나를 낳아 기르시기 얼마나 수고하셨을까. 그 은혜 갚고자 한다면 하늘과 같이 끝이 없도다." 하였습니다.

＊**시경(詩經)** 고대 중국의 시가를 모아 엮은 오경(五經)의 하나.

2

효자 강혁

　옛 중국의 한나라 때 일입니다. 강혁(江革)이라는 사람이 임치라는 곳에 살고 있었습니다.

　그는 어려서 아버지를 여의고 홀어머니 밑에서 자랐습니다. 그는 커 가면서 어머니를 정성껏 모셨습니다. 그러던 중 한번은 난리를 만났습니다.

　강혁은 어머니를 업고 이리저리 돌아다니며 난리를 피했습니다. 그는 손수 나물을 캐어다가 어머니를 대접하기도 하면서 극진히 효도하였습니다.

　그런데 어느 날, 그는 어머니를 업고 길을 가다가 도둑을 만났습니다.

　도둑들은 강혁 모자를 위협했습니다. 그러나 모자는 아무것도 가진 것이 없어 도둑에게 내어 줄 것이 없었습니다. 그러자 도둑들은 강혁 모자를 죽이겠다고 위협했습니다. 그때 강혁이 대답했습니다.

"내가 죽는 것은 조금도 원통하지 않으나, 나에게는 늙은 어머니가 계시니 어떻게 죽을 수가 있겠습니까?"

도둑들은 강혁의 말이 아주 공손하고 간절하여 감동을 받았습니다. 그래서 그들은 강혁 모자에게 안전한 피난처를 가르쳐 주기까지 하였습니다. 그들 모자는 그 덕택으로 난리를 무사히 피할 수가 있었습니다.

마침내 난리가 끝났습니다. 그러나 너무나 가난한 강혁 모자는 살아가기가 여간 힘이 들지 않았습니다. 강혁은 추운 겨울에도 옷도 입지 못하고 맨발로 품팔이를 하면서 어머니를 섬겼습니다. 그런 중에도 어머니의 몸을 편하게 해 드릴 만한 것이 있으면 어떻게 해서든지 꼭 구해다가 해 드렸습니다.

이렇게 지내다가 여러 해 만에 고향으로 돌아왔습니다. 그때는 해마다 관가에서 백성들의 인구 조사를 하는 때였습니다. 그래서 강혁도 어머니와 함께 관가에 나가게 되었는데, 그는 어머니의 몸이 흔들리지 않게 하려고 소나 말에게 수레를 끌게 하지 않고 손수 수레를 끌었습니다.

이것을 본 마을 사람들은 그를 가리켜,

"강혁은 정말 큰 효자다."

라고 말했습니다.

이렇게 살다가 어머니가 나이 많아 돌아가시자 강혁은 무덤 옆에 천막을 짓고 살았습니다. 그리고 3년간의 어머니의 상을 마치고도 너무나 가슴이 아파서 상옷을 벗지 못하였습니다. 그러자 그 소식을 들은 그 고을 군수가 벼슬아치를 보내어 강혁의 상복을 벗겨 주기까지 했습니다.

또한 이 소식을 전해 들은 임금님은 곡식 천 석을 그에게 내려주고, 해마다 8월이면 원님을 보내 그가 잘 살고 있는지를 살피게 하며 고기와 술을 보내 주었습니다.

효행편(孝行篇)

子曰 孝子之事親也에 居則致其敬하고,
자 왈 효 자 지 사 친 야   거 즉 치 기 경

養則致其樂하고, 病則致其憂하고,
양 즉 치 기 락   병 즉 치 기 우

喪則致其哀하고, 祭則致其嚴이니라.
상 즉 치 기 애   제 즉 치 기 엄

공자가 말하기를, "효자가 부모님을 섬기는 일은 주무시고 일어나시는 일에 공경하기를 다하고, 즐거워하시도록 받들어 모시고, 병이 나셨을 때에는 근심을 다해 보살펴 드리고, 돌아가셨을 때에는 슬픔을 다하고, 제사를 모실 때에는 엄숙함을 다해야 할 것이다."라고 하였습니다.

3 부모님의 은혜

여러분을 가장 아끼고, 한시라도 잊지 않고 보살피고 있는 이는 이 세상에서 부모님밖에 없습니다. 이와 반대로, 여러분이 부모님을 생각하는 마음은 부모님이 여러분을 생각하는 마음과는 비교도 되지 않습니다.

부모님은 혹 자기 자신은 잊을 경우가 있어도 자녀를 잊는 법은 절대로 없습니다.

부모님은 그 자녀를 위해서는 기꺼이 목숨도 버릴 만큼 희생적입니다. 그러기 때문에 자녀는 부모님에게 걱정을 끼쳐 드려서는 안 됩니다.

성경은 자녀들에게 이렇게 가르칩니다.

"자녀들아, 너희 부모를 주 안에서 순종하라. 이것이 옳으니라. 네 아버지와 어머니를 공경하라. 이것이 약속 있는 첫 계명이니, 이는 네가 잘되고 땅에서 장수하리라."

부모님에게 효도하는 자녀는 모든 일이 잘되고 오래 사는 축

복을 받는다는 말씀입니다.

석가모니는 부모님의 은혜에 대해 이렇게 말씀하셨습니다.

"부모를 임금의 자리에 오르게 한대도 그 은혜는 다 갚을 수가 없다."

이 말씀은 부모님의 은혜가 얼마나 큰가를 말하는 것입니다.

효행편(孝行篇)

子曰 父母在어시든, 不遠遊하며
자 왈 부 모 재   불 원 유
遊必有方이니라.
유 필 유 방

공자가 말하기를, "부모가 계시거든 멀리 떨어져 놀지 말 것이며, 또 놀 때에는 반드시 그 가는 곳을 알려야 하느니라."라고 하였습니다.

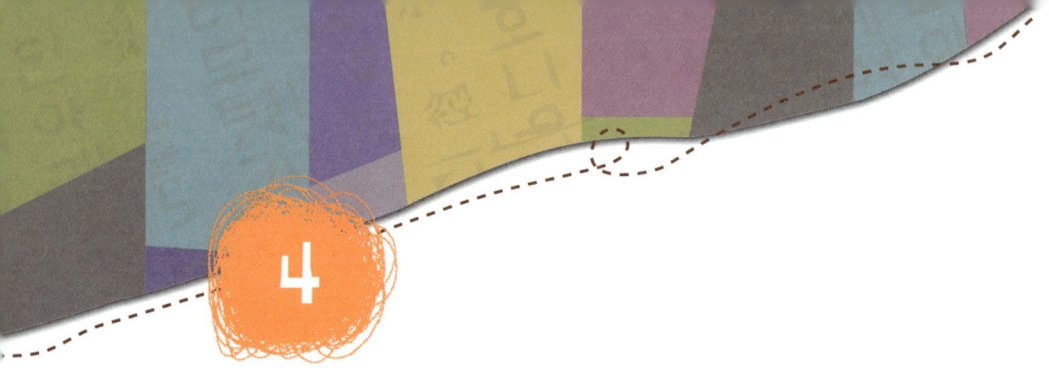

4 부모님 앞에서는 공손히

　여러분 중에는 아버지와 어머니께서 부르실 때 얼른 대답하지 않는 사람이 있을 것입니다. 또, 아버지나 어머니에게 어떤 불평이 있을 때는 그 대답에 심술이 섞이기도 합니다. 그러나 그렇게 해서는 안 될 일입니다.

　얼마나 나를 생각하시며 나를 위해 걱정하고 계시는 부모님이신가를 한시도 잊어서는 안 됩니다.

　옛사람들은 부모님이 다 계셔서 모시고 있는 것을 가장 큰 즐거움에 비하였습니다. 또, 부모님이 나를 낳아 길러 주신 은혜를 잊는다면 짐승만도 못하다고 가르쳤습니다.

여러분도 유명한 정철 선생의 시조를 알고 있을 것입니다.

어버이 살아실 제 섬기기란 다하여라.
지나간 후면 애닯다 어이하리.
평생에 고쳐 못할 일이 이뿐인가 하노라.

'부모님이 살아 계실 때 정성을 다하여 섬겨야 한다. 부모님이 돌아가시고 난 뒤에는 아무리 애달파 해도 소용이 없는 일이다. 사람이 사는 동안에 다시 고쳐서 할 수 없는 일은 부모에게 효도하는 일뿐이 아니겠느냐.'

효행편(孝行篇)

子曰 父命召시어든 唯而不諾하고
자 왈 부 명 소   유 이 불 락
食在口則吐之니라.
식 재 구 즉 토 지

공자가 말하기를, "아버지께서 부르시면 속히 대답하여 머뭇거리지 말고, 음식이 입에 있거든 즉시 뱉고 대답할 것이니라."고 하였습니다.

5

효자와 그 자손

어느 마을에 한 젊은이가 살고 있었습니다.

그 젊은이는 어머니에게 효성이 지극하기로 소문이 난 효자였는데, 그 아내 또한 남편 못지않은 효자 며느리였습니다. 젊은이는 아내와 함께 어머니를 모시고 가난하기는 하나 열심히 농사를 지으며 살아가고 있었습니다.

그런데 어느 날 어머니가 갑자기 병이 들어 젊은이는 어찌할 바를 몰랐습니다.

어머니의 병은 날이 갈수록 점점 깊어만 갔습니다. 그러나 가난한 젊은이 내외는 돈이 없어서 이름난 의원을 부를 수도, 비싼 약을 사다 드릴 수도 없었습니다. 그 대신 돈이 들지 않는 약이라는 약은 다 구해다가 드렸습니다.

아들과 며느리는 먹는 것도 잊고 어머니의 병간호에 힘썼습니다. 밤이면 잠도 제대로 자지 않고 병간호를 했습니다.

그러던 어느 날 밤, 젊은이는 어머니의 병간호를 하다 그만

깜빡 잠이 들었는데, 꿈에 점잖은 노인이 나타나서 이렇게 일러 주는 것이었습니다.

"뒷산 꼭대기에 올라가면 커다란 소나무 두 그루가 서 있다. 그 아래를 보면 잎이 넓은 풀이 있을 테니, 그 풀을 캐어다가 어머니께 약으로 달여 드려라. 그러면 어머니 병이 나을 것이다."

노인은 말을 마치더니, 어디론가 사라졌습니다.

다음날 새벽, 젊은이는 얼른 일어나 산꼭대기에 올라갔습니다. 과연 꿈에서 들은 대로 그곳에는 키다리 소나무 두 그루가 서 있었습니다. 그리고 소나무 아래에는 노인이 알려 준 대로 잎이 넓은 풀이 있었습니다.

　아들은 그 풀을 캐어 와서 정성껏 달여 어머니께 드렸고, 그것을 먹고 어머니의 병은 깨끗이 나았습니다.

　그 후 효성이 지극한 이 젊은이의 아들도 자라서 아버지처럼 그 부모에게 효성이 지극했습니다.

　우리 속담에 '윗물이 맑아야 아랫물이 맑다.' 는 속담이 있습니다.

　위쪽의 물이 맑지 않고 흐리다면 그 흐린 물이 아래로 내려와 그 아랫물까지 흐려지는 것은 당연한 일입니다.

　마찬가지로 아버지가 그 부모에게 효도를 하여야 그 아들이 자라면서 아버지의 하는 것을 보고 배워 자연히 효자가 되는 것입니다.

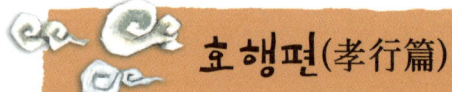

효행편(孝行篇)

*太公이 曰 孝於親이면
태공　　왈　효어친

子亦孝之하나니
자 역 효 지

身旣不孝면 子何孝焉이리오.
신 기 불 효　　자 하 효 언

태공이 말하기를, "내 자신이 어버이에게 효도하면 내 자식이 또한 나에게 효도한다. 내가 어버이에게 효도하지 않는다면 자식이 어찌 나에게 효도할 것인가?"라고 하였습니다.

* **태공(太公)** 본명은 여상(呂尙). 위수(渭水) 가에서 낚시질을 하다가 문왕(文王)에게 등용되었으며, 문왕이 죽은 뒤 그의 아들 무왕을 도와 주왕조(周王朝)를 창건하였다. 그는 때기 오기를 기다리며 낚시질을 즐겨 했기 때문에 오늘날에도 낚시꾼을 '강태공'이라는 말로 비유하고 있다.

3장 지혜로운 생활

1. 악한 사람도 스승
2. 두 마리의 말
3. 쥐가 살린 사자
4. 까마귀와 여우
5. 토끼와 거북

1

악한 사람도 스승

여기 아주 못된 친구가 한 사람 있습니다. 그 친구가 하는 생각이나 말이나 행동은 우리가 절대 본받아서는 안 될 만큼 나쁘기만 합니다.

그 친구는 학교에서 화장실 벽에 낙서를 하거나 청소 당번을 빼먹고 그냥 집으로 가 버리기 일쑤입니다. 또한 남의 책을 빌려다 보고는 책장에다 마구 낙서를 해 놓는가 하면 책장을 찢어 놓기도 합니다.

그런데 이런 친구가 나의 스승이 될 수 있다고 하면 아마 여러분은 이상하게 생각하겠지요?

스승이란 반드시 그의 행동과 말의 착한 것을 닮으려고 따르는 경우가 대부분이기 때문입니다.

그러나 그의 잘못된 행동을 보고 절대로 그런 짓을 해서는 안 된다는 교훈을 받았다면, 그런 사람도 나에게 스승 구실을 하는 셈입니다.

좋은 스승은 그의 모든 것을 본받아서 나도 그를 닮고 싶다는 소망을 갖게 하고, 나쁜 스승은 나는 절대로 그가 보여 주는 나쁜 모습은 닮지 않겠다고 결심을 하게 해 줍니다.

그러므로 착한 사람도 나의 스승이요, 악한 사람도 나의 스승이 될 수 있습니다.

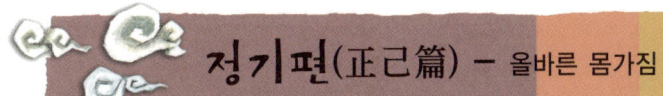

정기편(正己篇) - 올바른 몸가짐

*性理書에 云 見人之善而尋己之善하고
성 리 서   운 견 인 지 선 이 심 기 지 선

見人之惡而尋己之惡이니
견 인 지 악 이 심 기 지 악

如此면 方是有益이니라.
여 차   방 시 유 익

『성리서』에 이르기를, "남의 착한 것을 보고 나의 착한 것을 찾고, 남의 악한 것을 보고서 나의 악한 것을 찾을 것이니, 이와 같이 함으로써 유익함이 있다."고 하였습니다.

*성리서(性理書) 성리학(性理學)에 관한 책으로, 『논어』, 『맹자』, 『대학』, 『중용』 등 인간의 마음과 성품, 우주의 원리를 연구하는 책.

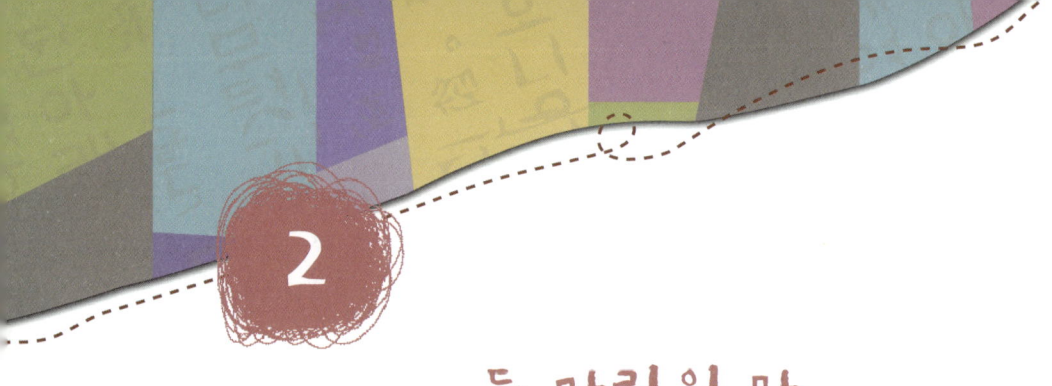

2

두 마리의 말

말 두 마리가 길을 가고 있었습니다.

한 마리는 금과 은을 담은 궤짝을 등에 지고 있었으며, 또 다른 말은 보리가 든 가마니를 등에 지고 있었습니다.

금과 은을 담은 궤짝은 그리 크지 않고 모양도 좋았지만, 보리를 담은 가마니는 보기도 흉하고 부피도 컸습니다.

금은 궤짝을 지고 가는 말은 어깨가 으쓱하여, 목을 길게 뽑고 걸었습니다.

그리고 보리쌀 가마니를 진 말을 보고는,

"같은 짐이지만 내 짐은 네 짐과 달라. 내 것은 금과 은뿐이란 말야. 만약에 이걸로 보리를 사면 네가 지고 있는 보리의 몇천 배를 살 수 있을 거야."

하고 아주 거만스럽게 말했습니다.

마치 자기는 귀족이고 보리쌀 가마니를 진 말은 노예처럼 여기는 듯한 태도였습니다. 그리고서는 목에 달린 방울을 쩔렁쩔

렁 울리며 앞서서 걸었습니다.

보리쌀 가마니를 진 말은 아무 말 없이 그 뒤를 따라갔습니다. 얼마 후 두 마리 말은 으슥한 산길로 들어가게 되었습니다. 그러자 보리쌀 가마니를 진 말이,

"어쩐지 무엇이 나올 것만 같은데?"

하고 주위를 둘러보며 말하였습니다. 그런데 그 말이 채 끝나기도 전에 갑자기 고함 소리가 났습니다.

그리고는 산적 떼가 숲 속에서 우르르 뛰어나왔습니다.

"야아, 이놈들 게 섰거라!"

"꼼짝 마라!"

산적들은 말을 끌고 가던 짐꾼들을 순식간에 쓰러뜨렸습니다. 그리고 금과 은을 담은 궤짝을 가지고 어디론가 사라져 버렸습니다.

금은 궤짝을 지고 가던 말은 궤짝을 빼앗기지 않으려다가 산적에게 몽둥이로 얻어맞았습니다. 게다가 등가죽이 궤짝에 긁혀서 쓰리고 아팠습니다.

그러나 보리쌀 가마니를 진 말은 몽둥이를 맞지도 빼앗기지도 않았습니다.

그때 보리쌀 가마니를 진 말이 금은 궤짝을 지고 가던 말에게 다가가서,

"몹시 다친 모양인데, 정신이 좀 드나?"

하고 걱정스럽게 물어보았습니다.

　금은 궤짝을 지고 가던 말은 그제야 정신을 차리고 자기 잘못을 깨달은 듯,

　"너는 정말 마음이 착하구나. 그동안의 나의 잘못을 용서해 줘."

하고 보리쌀 가마니를 지고 있는 말에게 용서를 빌었습니다.

정기편(正己篇)

景行錄에 云 大丈夫 當容人이언정
경행록　운 대장부 당용인

無爲人所容이니라.
무위인소용

『경행록』에 이르기를, "대장부라면 마땅히 남을 용서해 줄지언정 남의 용서를 받는 사람이 되지 말라." 고 하였습니다.

3

쥐가 살린 사자

따뜻한 어느 봄날, 커다란 사자 한 마리가 양지바른 풀밭에 누워 낮잠을 자고 있었습니다.

이때 쥐도 봄구경을 나왔습니다. 워낙 몸이 작은 쥐는 먼 데 행차를 보기 위해 잠을 자고 있는 사자의 등 위로 올라가서 보기로 하였습니다.

그런데 급한 김에 사자의 얼굴을 기어오르던 쥐는 그만 사자의 잠을 깨우고 말았습니다.

"어떤 놈이냐!"

사자는 버럭 소리를 지르며 쥐를 앞발로 꽉 덮쳤습니다.

"살려 주십시오, 대왕님!"

쥐는 죽어가는 목소리로 애원했습니다.

"버릇없는 녀석 같으니라고!"

사자는 금세 쥐를 발로 밟아 죽일 듯이 화를 냈습니다.

"사자 대왕님, 제발 목숨만 살려 주십시오. 꼭 은혜를 갚겠습

니다."
이 말에 사자는 어이가 없다는 듯이 호통을 쳤습니다.
"야 이놈아, 콩알만한 네가 내게 은혜를 갚겠다고? 내가 네 신세를 질 때가 있을 것 같으냐? 어쨌든 오늘만은 처음 일이라 용서해 준다!"
"감사합니다, 대왕님!"
쥐는 걸음아 나 살려라 하고 쏜살같이 사라졌습니다.
이런 일이 있은 지 얼마 뒤, 온통 산이 떠나갈 듯한 큰 소리가 들려왔습니다. 사자의 으르렁대는 소리였습니다.
쥐는 그 소리를 듣고 얼른 달려가 보았습니다. 그런데 거기에는 얼마 전에 자기를 살려 준 사자가 커다란 그물덫에 걸려

옴짝달싹 못하고 있는 것이 아니겠습니까!

쥐는 사자에게 달려가 말했습니다.

"대왕님, 걱정 마십시오. 제가 구해 드리겠습니다."
하고 쥐는 곧 그 날카로운 이빨로 그물의 밧줄을 갉아 끊기 시작했습니다. 그리고 마침내 사자는 쥐의 도움으로 그물덫에서 빠져나올 수가 있었습니다.

그런데 그물덫에서 빠져나온 사자는 얼굴이 빨개져서 부끄러움을 감추지 못했습니다.

그때 쥐가 살려 주기만 하면 은혜를 갚겠다고 말했을 때, 쥐를 업신여긴 자신이 부끄러웠기 때문입니다.

정기편(正己篇)

太公 曰 勿以貴己而賤人하고 勿以自大而蔑小하고
태공 왈 물 이 귀 기 이 천 인   물 이 자 대 이 멸 소
勿以恃勇而輕敵이니라.
물 이 시 용 이 경 적

태공이 말하기를, "나를 귀하게 여긴 나머지 남을 천하게 여기지 말고, 자기가 크다고 해서 남의 작은 것을 업신여기지 말며, 자기의 용맹을 믿고서 적을 우습게 여기지 말 것이다."라고 하였습니다.

4 까마귀와 여우

 까마귀 한 마리가 먹음직스러운 고깃덩이를 하나 물고 날아와 나뭇가지 위에 앉았습니다.
 마침 그때, 그 나무 아래로 여우 한 마리가 지나가다가 위를 쳐다보았습니다.
 '저런, 까마귀 녀석이 먹음직스런 고깃덩이를 물었군!'
 여우는 까마귀가 부러웠습니다.
 '저걸 빼앗아 먹어야 할 텐데……'
 여우는 잠시 곰곰이 생각하다 한 가지 꾀를 냈습니다.
 '저놈이 입을 벌리기만 하면 고기는 땅에 떨어져 내 차지가 되겠지?'
 여우는 나무 위의 까마귀가 듣도록 큰 소리로 혼잣말처럼 말했습니다.
 "언제 봐도 까마귀는 맵시가 있어! 그 새까만 빛깔이 빤질빤질 윤이 나서 아름답거든. 거기다 생김새까지 정말 의젓하

지. 하지만 더욱 까마귀를 빛나게 하는 것은 그 울음소리란 말야. 꾀꼬리 따위는 저리 가라야!"

여우는 까마귀에게 자못 감탄한 듯이 이렇게 말했습니다.

까마귀는 우쭐해졌습니다. 더구나 지금까지 한 번도 맵시 있다고 칭찬을 받아 본 적이 없었으니, 더욱 신이 났습니다.

'그렇다면, 내 울음소리를 듣고 싶어하는 여우를 위해 한번 울어 줘야지.'

이렇게 생각한 까마귀는 크게 입을 벌려,

"까악……."

하고 울었습니다. 그러자 그와 동시에 까마귀가 입에 물고 있던 고깃덩이가 땅에 떨어졌습니다.

여우는 빙긋 웃고 나서 얼른 고깃덩이를 입에 물었습니다.

까마귀는 나무 위에서 고깃덩이를 물고 가는 여우를 바라보며 분한 생각이 들었지만, 이미 때는 늦었습니다.

정기편(正己篇)

道吾善者는 是吾賊이요,
도 오 선 자   시 오 적

道吾惡者는 是吾師니라.
도 오 악 자   시 오 사

나를 착하다고 말하여 주는 사람은 곧 내게 해로운 사람이요, 나의 나쁜 점을 말하여 주는 사람은 곧 나의 스승이다.

5

토끼와 거북

어느 햇살 좋은 날이였습니다. 콧노래를 부르며 깡총깡총 뛰어가던 토끼는 느릿느릿 걸어가고 있는 거북과 길에서 딱 마주쳤습니다.

평소 온갖 짐승들 중에서 거북만큼 느린 녀석은 세상에 둘도 없을 것이라고 거북을 얕잡아 보던 토끼는 거만한 투로 거북에게 말을 건넸습니다.

"자넨 대체 왜 그렇게 느린가?"

그러나 거북은 토끼의 빈정거리는 말에 시침을 뚝 떼며,

"하지만 자네보다 느린 짐승이 또 어디 있겠나?"

하고 말하는 것이였습니다.

이 말에 토끼는 발끈 성이 났습니다.

"아니, 뭐라고? 자네 지금 나보고 느림보라고 했나?"

"그렇다니까. 분하다면 지금 당장 나하고 경주를 해 보면 되잖겠나!"

이 말을 들으니 토끼는 어이가 없었습니다.

"자네가 지금 나하고 경주를 하겠다는 말인가?"

"그렇다니까."

거북의 대답에 토끼는 얼굴이 새빨개지더니,

"좋아, 하세나!"

하고 소리쳤습니다.

이렇게 해서 토끼와 거북은 달리기 경주를 하게 되었습니다.

"여우, 자네가 심판을 좀 봐 주게."

"그러지. 하지만 이 달리기 경주에서 토끼가 이길 건 뻔하다구!"

이 말에 거북은 빙긋이 웃으면서,

"길고 짧은 건 대봐야지."

하고 말했습니다.

"그럼 우리 저 언덕 위에 서 있는 소나무까지 달려가는 걸로 하세."

"좋네!"

그리고는 토끼와 거북은 출발선에 나란히 섰습니다.

"준비, 땅!"

드디어 토끼와 거북은 출발을 하였습니다. 그런데 토끼가 조금 뛰어가다가 뒤를 돌아보니 몇 걸음 뛰지 않았는데도 거북이 보이지도 않았습니다. 그러자 토끼는

"나 혼자 너무 빨리 결승점에 도착해서 기다리는 것도 싱거운 일이지."

하며 사방을 살펴보았습니다. 그러자 저 쪽에 아주 시원해 보이는 나무 그늘이 눈에 띄었습니다.

"옳지, 저 그늘에 가서 좀 쉬었다 가자."

토끼는 나무 그늘로 뛰어가 벌렁 누웠습니다. 누워서 쳐다보는 파란 하늘에는 흰구름이 두둥실 떠 있었습니다. 그리고 나무 사이로는 시원한 바람이 살랑살랑 불어왔습니다.

"상쾌하군!"

토끼는 두 눈을 감았습니다. 그러자 곧 스르르 잠이 밀려왔습니다.

"그래, 여기서 한잠 자고 가도 결국 내가 먼저 언덕 위에 가 닿을 텐데 뭐."

토끼는 잠이 들었습니다. 솔솔 바람이 불어와 토끼를 깊은 잠 속으로 몰아넣었습니다.

토끼가 이러고 있는 동안 거북은 느린 걸음이기는 하지만, 쉬지 않고 꾸준히 걸었습니다.

그리고 얼마 후 토끼는 잠에서 깨어났습니다.

"이제 그만 슬슬 가 볼까?"

토끼는 일어나 뛰기 시작하면서 뒤를 돌아다보았습니다. 그런데 거북이 걸어오는 모습이 보이지 않는 것이었습니다. 토끼는 다시 얼른 앞을 살폈습니다. 그러나 거기에도 거북의 모습은 보이지 않았습니다.

　순간, 가슴이 덜컹 내려앉은 토끼는 정신없이 언덕을 향해 달렸습니다.

　"허허, 자네 이제 오나?"

　먼저 와서 기다리고 있던 거북이 토끼에게 말했습니다.

　토끼는 자신의 달리기 실력만 믿고 게으름을 피운 것을 가슴을 치며 후회했지만, 이미 때는 늦었습니다.

이처럼 자기 재주만 믿고 게으름을 피우는 사람은 결국 실패할 수밖에 없답니다.

정기편(正己篇)

太公이 曰 勤爲無價之寶요,
태공　　왈　근위무가지보

愼是護身之符니라.
신시호신지부

태공이 말하기를, "부지런함은 값으로 따질 수 없는 보배이고, 삼가는 것은 자신을 보호해 주는 보증이 된다."고 하였습니다.

4장 욕심 없는 생활

1. 불 같은 욕심
2. 할 일과 해서는 안 될 일
3. 오해받는 일
4. 할아버지와 황금알을 낳는 닭
5. 미련한 자라
6. 시골 쥐와 서울 쥐
7. 비밀의 방
8. 비단 꾸러미
9. 나를 먼저 살피고
10. 입을 지키는 일
11. 장량과 노인
12. 양보하는 덕
13. 은혜를 갚은 두꺼비

1

불 같은 욕심

아무리 큰불이라도 맨 처음에는 아주 작은 것입니다. 성냥개비에 붙은 불은 입으로도 쉽게 끌 수 있지만, 그 불이 커질수록 끄기가 쉽지 않습니다. 한 마을을 태워 버리는 불도 처음에는 약하기 때문에 불은 처음에 발견했을 때 얼른 꺼야 합니다.

물도 마찬가지입니다. 큰 홍수가 날 때도 처음에는 산골에 있는 작은 도랑이 되어 흘러갑니다. 이렇게 작은 도랑물로 흐를 때 막으면 큰 홍수도 미리 막을 수 있습니다.

그런데 우리의 욕심도 이와 같이 내면 낼수록 더 커집니다. 우리 속담에 '바늘 도둑이 소 도둑 된다.'는 말이 바로 그것입니다.

처음에는 도랑 정도의 작은 욕심이 자꾸 자라면 큰 강물처럼 커지고, 나중에는 홍수처럼 커져서 자기를 망쳐 버립니다.

성경에서는,

"욕심이 잉태하면 죄를 낳고, 죄가 자라면 죽음을 가져온다."

라고 말하고 있습니다. 이 세상의 모든 악이 욕심 때문에 일어난다고 해도 지나친 말이 아닙니다.

또한 불경에서는 욕심에 대해서,

"욕심은 고통을 부르는 나팔이다."

라고 가르치고 있습니다. 나팔은 크게 불면 불수록 큰 소리가 납니다. 그런데 이와 같은 것이 바로 욕심입니다. 욕심은 내면 낼수록 고통이 더 커지는 법입니다.

사실 부자로 사는 사람치고 마음 편히 사는 이가 드뭅니다. 그 까닭은 돈이 많으면 많을수록 욕심이 자꾸 자라기 때문이고, 욕심이 있는 곳에 마음의 평화는 있을 수 없기 때문입니다.

정기편(正己篇)

*近思錄에 云 懲忿을 如故人하고
　근사록　　운　징분　　　여고인

窒慾을 如防水하라.
질욕　　여방수

『근사록』에 이르기를, "분함은 누르기를 옛 성인과 같이 하고, 욕심은 막기를 물을 막듯이 하여라."고 하였습니다.

＊**근사록(近思錄)** 송나라 학자인 주자(朱子)가 제자와 함께 만든, 수양에 관한 책.

할 일과 해서는 안 될 일

　무슨 일을 할 때, 흔히 사람들은 많은 사람이 좋아하면 그냥 아무 생각 없이 해 버리는 경우가 있습니다. 그 일이 옳은 것인지, 옳지 않은 것인지는 별로 생각해 보지 않고 말입니다.
　그러나 많은 경우에 이렇게 했을 때, 그 일이 잘못되기가 쉽습니다.
　그런가 하면, 이와 반대로 남들이 싫어한다고 해서 자기가 하려는 일을 그만두는 사람들도 있습니다. 그러나 마찬가지로 이런 경우도 잘하는 일이라고는 말할 수 없습니다.
　그러므로 무슨 일이든지 자기 자신이 먼저 냉정하게 살펴서 그 일이 할 일인지, 아니면 해서는 안 될 일인지 결정짓는 것이 지혜로운 처사입니다.
　왜냐하면 많은 사람들이 좋아하는 일 가운데에도 잘못된 길은 있는 법이며, 또한 사람들이 싫어하는 일 중에도 옳은 길이 있는 법이기 때문입니다.

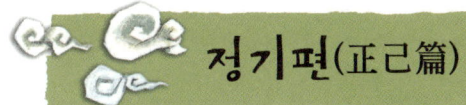

정기편(正己篇)

子曰 衆이 好之라도 必察焉하며
자 왈 중   호지   필 찰 언

衆이 惡之라도 必察焉이니라.
중   오지   필 찰 언

공자가 말하기를, "모든 사람이 좋아하더라도 반드시 살펴야 하며, 모든 사람이 싫어하더라도 반드시 살펴야 하느니라."고 하였습니다.

萬事從寬이면
만 사 종 관

其福自厚이니라.
기 복 자 후

모든 일을 너그럽게 좇으면 그 복이 스스로 두터워지느니라.

3 오해받는 일

　사람이 살아가노라면 생각지도 못한 오해를 사는 일이 있습니다.

　어떤 친구가 찾아와서 함께 방 안에서 한참 동안 놀다 갔습니다. 그런데 그 친구가 오기 전에 분명히 책상 위에 있던 지우개가 없어졌습니다. 지우개를 한참 찾아보아도 보이지 않자 결국 놀러 왔던 친구가 훔쳐 간 것이 틀림없다고 엉뚱한 의심을 하게 됩니다. 그런데 그 없어졌던 지우개가 사실은 책상 아래로 떨어져 다리 밑으로 굴러 들어갔다고 한다면 그 친구를 의심했던 것은 여간 큰 잘못이 아니지요.

　그러기 때문에 증거도 없이 남을 의심하면 안 되며, 또 남으로부터 오해받을 만한 행동은 처음부터 하지 말아야 합니다.

　참외밭에 들어가 참외를 따려면 허리를 굽혀야 딸 수 있습니다. 그리고 신발을 고쳐 신을 경우에도 허리를 굽혀야 됩니다. 그런데 공교롭게 참외밭 곁을 지나가다가 신발이 불편해서 다시 고쳐 신으려고 허리를 굽혔는데, 마침 참외밭 주인이 그리로 오다가 신발을 고쳐 신기 위해 허리를 굽힌 사람을 멀리서 바라보게 된다면 그 사람이 참외를 따고 있다고 오해할 게 뻔합니다.

또한 과일이 주렁주렁 달린 나무 아래를 지나가다가 공교롭게 모자를 고쳐 쓰기 위해 두 손을 머리 위로 올렸다고 생각해 봅시다.

먼 발치에서 이 사람을 바라보면 꼭 과일을 따기 위해 손을 쳐든 것으로 오해할 수밖에 없는 것입니다.

정기편(正己篇)

太公이 日 瓜田에 不納履하고
태공 왈 과전 불납리
李下에 不正冠이니라.
이하 부정관

태공이 말하기를, "남의 참외밭을 지나갈 때에는 신을 고쳐 신지 말 것이며, 남의 오얏나무 아래에서는 갓을 고쳐 쓰지 말라."고 하였습니다.

4 할아버지와 황금알을 낳는 닭

아침이 되어 일찍 자리에서 일어난 할아버지는 밖으로 나왔습니다. 그런데 비를 들고 마당을 쓸기 시작하는데, 어디에서 병아리의 울음소리가 들렸습니다.

"웬 병아리야?"

할아버지는 그 소리가 나는 쪽으로 가 보았습니다. 그랬더니 맨드라미 그늘에 병아리 한 마리가 앉아 있었습니다.

그런데 신기하게도 병아리의 빛깔이 황금빛이었습니다.

"이런 빛깔의 병아리가 있다니!"

할아버지는 병아리를 소중히 안고 방으로 들어갔습니다.

"할멈, 이런 병아리를 보았소?"

할머니도 병아리를 보고는 깜짝 놀랐습니다.

"이상한 병아리군요. 잘 길러 봅시다."

할아버지와 할머니는 그날부터 황금빛 병아리를 소중하게 길렀습니다.

병아리는 날마다 눈에 띌 만큼 잘 자랐습니다. 그리고 얼마 가지 않아 큰 암탉이 되었습니다.

"몸 빛깔이 황금빛이니, 황금알을 낳을는지 누가 알겠소?"

할아버지는 이 황금빛 암탉이 황금알을 낳을지도 모른다고 생각했습니다.

"털 빛깔대로 알을 낳는 닭을 봤나요?"

할머니는 그럴 수 없다고 생각했습니다.

그러다 마침내 암탉이 알을 낳았습니다. 그런데 뜻밖에도 정말로 황금알을 낳은 것입니다.

할아버지와 할머니의 기쁨은 이만저만이 아니었습니다.

가난하게 살던 할아버지네는 가난을 면하게 되었습니다. 암탉은 날마다 알을 한 개씩 낳았고, 낳는 알은 모두 황금알이었습니다. 이제 할아버지네는 무엇 하나 부러울 것 없는 생활을 하게 되었습니다. 집도 크게 새로 짓고, 곳간에도 양식이 가득 넘쳤습니다.

그러던 어느 날, 할아버지는 엉뚱한 생각을 했습니다. 욕심이 생겼던 것입니다.

'날마다 황금알을 낳는 걸 보니, 아마도 저 암탉 뱃속에는 커다란 금덩어리가 들어 있을 거야. 그러니 그것을 꺼내면 우린 더 큰 부자가 되겠지?'

할아버지가 이런 생각을 할머니에게 말하자, 할머니도 그 생

각이 옳다고 했습니다.

"그럼 어서 저 암탉의 배를 가릅시다."

이렇게 해서 할아버지와 할머니는 암탉을 잡아서 배를 갈랐습니다. 그러나 암탉의 뱃속에는 창자만 들어 있을 뿐, 금덩어리 같은 것은 들어 있지 않았습니다.

"아차! 우리가 너무 욕심을 부렸구료!"

할아버지와 할머니는 곧 후회를 했지만, 이미 죽은 암탉이 다시 황금알을 낳기는 틀린 일이었습니다.

안분편(安分篇) - 만족과 분수의 한계

景行錄에 云 知足可樂이요,
경행록   운 지족가락

務貪則憂니라.
무 탐 즉 우

『경행록』에 이르기를, "만족할 줄 알면 즐겁고, 자꾸 욕심을 부리면 걱정이 끊일 날이 없다."라고 하였습니다.

知足者는 貧賤亦樂이요,
지족자   빈천역락

不知足者는 富貴亦憂니라.
부지족자   부귀역우

만족함을 아는 자는 가난하고 천하여도 역시 즐거울 것이요, 만족함을 알지 못하는 자는 부귀하여도 역시 근심하느니라.

5 미련한 자라

연못 한가운데에 솟아난 큰 바위 위에 자라 한 마리가 나와 해바라기를 하고 있었습니다. 그러면서 자라는 생각했습니다.

'나도 새처럼 저 푸른 하늘을 훨훨 날아다니며 온 세상 구경을 했으면······.'

이때 기러기 두 마리가 날아와 바위 위에 내려앉았습니다.

"안녕하세요, 기러기님들."

자라는 두 기러기에게 인사를 했습니다.

"네, 자라님도 안녕하세요?"

"난 안녕하지가 않아요."

"뵙기에는 아무 탈도 나지 않은 것 같은데요?"

"기러기님들, 나는 소원이 있어서 그럽니다."

"그 소원 때문에 탈이 났다는 말씀인가요?"

"네."

"도대체 그 소원이 어떤 것인지 말해 보세요."

"난 기러기님들처럼 훨훨 하늘을 날고 싶어요."

"하지만 자라님이 하늘을 날고 싶다는 것은 분수에 넘치는 생각이에요."

"왜 그런가요?"

"하늘을 날지 못하는 대신 자라님은 물속에서 마음대로 헤엄을 칠 수 있잖아요."

"그건 그렇지 않아요. 기러기님들은 하늘을 날면서 물 위에도 내려앉을 수 있잖아요."

"그건 당신처럼 헤엄을 치는 것이 아니라, 그저 물 위에 내려앉아서 물고기를 잡아먹을 수 있는 정도랍니다."

"어쨌든 나는 하늘을 날고 싶어요."

"그러나 자라는 하늘을 날 수 없으니 그 소원은 분수에 넘치는 생각입니다."

"기러기님, 나는 하늘을 날아다니는 법을 생각해 냈단 말입니다. 그런데 그 방법은 나 혼자서는 안 되고 기러기님들이 도와주어야 해요."

"말해 보세요. 우리가 도울 수 있는 일이면 도와드리지요."

이 말을 들은 자라는 물속으로 들어가 입에 긴 막대기를 물고 나왔습니다.

"기러기님들, 내가 이 막대기 가운데를 물고 있을 테니 기러기님 두 분께서 부리로 양쪽을 물고 날아가시면 됩니다."
"그러니까 당신은 막대기를 입에 물고 매달려 날겠다는 것이군요?"
"예, 그렇게 하십시오. 하지만 자라님은 절대로 입을 벌려서는 안 됩니다. 입을 벌리게 되면 떨어지니까요."
"예, 알겠어요."
이렇게 되어 자라는 막대기 가운데를 물고 두 기러기가 양쪽

끝을 물어 하늘을 날기 시작했습니다.

자라는 기뻐 어쩔 줄을 몰랐습니다. 오랫동안 마음에 두었던 소원이 이루어졌으니 그럴 수밖에 없었습니다.

두 기러기는 자라가 매달린 막대기를 물고 어떤 마을 위를 지나갔습니다.

마을 사람들은 이 광경을 보고 깜짝 놀랐습니다.

"야, 정말 대단한데!"

"저 꾀를 대체 누가 생각해 냈을까?"

"두 마리의 기러기일까? 아니면 자라일까?"

그런데 그때 이 말을 듣고 그만 우쭐해진 자라는,

"이건 내가 생각해 낸 꾀란 말이오!"

하고 큰 소리로 대답했습니다. 그리고 그 말이 다 끝나기도 전에 자라는 땅 위로 떨어지고 말았습니다.

안분편(安分篇)

濫想은 徒傷神이요, 妄動은 反致禍니라.
　남 상　　도 상 신　　　망 동　　반 치 화

분수에 넘친 생각들은 정신만 어지럽게 할 뿐이며, 이치에 안 맞는 행동은 오히려 화만 불러일으킨다.

6 시골 쥐와 서울 쥐

서울에 사는 쥐와 시골에 사는 쥐는 친구였습니다. 어느 날, 서울에 사는 쥐가 시골 쥐를 찾아왔습니다.
"반갑군. 이렇게 시골로 나를 찾아오다니!"
시골 쥐는 반갑게 맞았습니다.
"사실은 자네가 시골에서 너무 고생을 하는 것 같아 찾아왔네. 자네를 서울로 초대하려고 말일세."
"그런가! 정말 고맙네."
그러면서 시골 쥐는 밭에 나가 흩어진 보리 이삭을 주어다가 서울 쥐를 대접했습니다.
"사양하지 말고 많이 먹게나."
그러나 서울 쥐는 실망하는 표정으로 이렇게 말했습니다.
"난 자네가 정말 이렇게 고생하고 사는 줄은 몰랐네. 자네가 늘 이렇게 맛없는 것만 먹고 지내고 있다니 정말 가엾군. 서울에 가면 자네가 지금까지 먹어 본 일이 없는 음식을 대접

해 주지."

"고맙네."

시골 쥐는 서울 쥐가 보리를 먹지 않는 것을 미안하게 생각하면서 말했습니다.

"자, 이럴 것이 아니라 지금 당장 나와 서울로 가세."

이리하여 시골 쥐는 서울 쥐를 따라 서울로 떠났습니다.

조용한 곳에서만 살던 시골 쥐는 번화한 서울에 오자, 정신을 잃을 지경이었습니다. 드디어 서울 쥐의 집에 왔습니다.

서울 쥐는 자랑스러운 얼굴을 하면서 시골 쥐 앞에 건포도, 꿀, 빵 등 맛있는 음식을 내놓았습니다.

"자, 어서 마음대로 먹게."

"아니, 자네는 늘 이렇게 먹고 지내면 임금님이 부러울 것 없겠군. 시골에 사는 우리네가 먹는 음식은 정말 보잘것없지."

하며 시골 쥐는 서울 쥐를 부러워했습니다.

이 말에 서울 쥐는 자못 만족한 듯이,

"너무 부러워 말게. 자네도 원하기만 한다면 서울에서 이런 음식을 먹고 잘 지낼 수 있으니까."

"정말 고맙네."

그런데 바로 그때였습니다. 별안간 문이 활짝 열리면서 누군가가 부엌으로 들어오는 것이었습니다.

두 쥐는 깜짝 놀라 쥐구멍으로 들어가 숨었습니다. 조금 있

으려니까 그 사람은 부엌에서 나갔습니다. 두 쥐는 구멍에서 나와 다시 아까 먹던 것을 먹으려 했습니다. 그런데 그때 또다시 문이 열리면서 사람이 들어오더니 선반 위에 있는 물건을 꺼내는 것이었습니다. 두 쥐는 또 질겁을 하며 쥐구멍에 들어가 그 사람이 나가기를 기다렸습니다.

이렇게 되자 두 쥐는 마음놓고 음식을 먹을 수가 없었습니다. 그래서 시골 쥐는 생각했습니다.

'아무리 맛있는 음식이라도 이렇게 마음놓고 먹을 수 없다면 차라리 마음 편하게 맛없는 음식을 먹는 편이 낫겠군!'

그리하여 시골 쥐는 서울 쥐에게
"나는 시골로 내려가겠네. 서울에서 마음 졸이며 기름진 음식을 먹고 사는 것보다는 시골에서 맛없는 음식이지만 마음 편히 먹고 사는 편이 훨씬 낫네!"
하고 말하고는 서울을 떠나 시골로 내려갔습니다.

안분편(安分篇)

*安分吟에 曰
안분음   왈
安分身無辱이요, 知機心自閑이니,
안분신무욕   지기심자한
雖居人世上이나
수거인세상
却是出人間이니라.
각시출인간

『안분음』에 이르기를, "편안한 마음으로 분수를 지키면 몸에 욕됨이 없을 것이고, 세상의 돌아가는 형편을 잘 알면 마음이 스스로 한가하니 인간 세상에 살더라도 도리어 인간 세상에서 벗어나는 것이다."라고 하였습니다.

*안분음(安分吟) 중국 송나라 때의 시.

7 비밀의 방

중국의 후한에 양진이라는 사람이 살았습니다.

양진이 어느 해 동래군의 태수가 되어 부임하던 중 날이 저물어 창읍이란 마을에서 하룻밤을 묵게 되었을 때의 일입니다.

그런데 그곳의 현령인 왕밀이라는 사람이 아무도 모르게 한밤중에 양진을 찾아왔습니다. 왕밀은 양진의 옆에 아무도 없음을 알고 온 것이었습니다.

왕밀은 금 10만 근을 내놓으며 양진에게 말했습니다.

"지난날의 은혜에 감사드립니다."

왕밀은 지난날 양진에게 인정을 받아 현령이 된 사람이었습니다.

그러나 양진이 이 예물을 받지 않자, 왕밀이 말하기를

"이것은 뇌물이 아닙니다. 또, 지금은 아무도 보는 사람이 없지 않습니까?"

하고 말했습니다. 그러자 양진은 왕밀에게

"어찌 그런 말을 하는가? 하늘이 알고, 땅이 알고, 그대가 알고, 내가 알고 있지 않은가?"
하고 말했습니다. 아무도 없다고 하지만, 사실은 하늘, 땅, 그대, 그리고 내가 알고 있지 않느냐는 뜻입니다. 이 말에 왕밀은 부끄러워져서 조용히 다시 예물을 가지고 돌아갔습니다.

사람은 아무도 보지 않는 곳에서는 아무렇게나 행동하기가 쉽습니다. 그러나 만약 여러 사람이 본다고 해서 예의바른 행동을 하고, 보는 사람이 없다고 해서 자기 멋대로 행동한다면 이것은 남에게 보이기 위한 겉치레일 뿐, 자신의 인격을 닦는 일과는 거리가 먼 것입니다.

존심편(存心篇) - 마음가짐

景行錄에 云 坐密室을 如通衢하고
경행록   운 좌밀실   여통구
馭寸心을 如六馬하면 可免過니라.
어촌심   여육마   가면과

『경행록』에 이르기를, "비밀의 방에 혼자 앉아 있어도 마치 번화한 길에 앉은 것처럼 조심하고, 자기의 작은 마음 다스리기를 마치 여섯 마리의 말을 부리듯 하면 잘못하는 일이 없게 될 것이다."라고 하였습니다.

8

비단 꾸러미

옛날 중국에 한 재상이 있었습니다. 그런데 이 재상은 언제나 비단 보자기에 싼 꾸러미를 들고 다녔습니다. 그는 어디에 가든지 이 꾸러미를 손에서 놓아 본 일이 없었습니다.

대궐에 들어갈 때에도, 임금님을 만날 때에도 이 꾸러미를 늘 들고 있었습니다.

어느 날, 한 간신이 그 재상을 모함하며 임금님에게 말했습니다.

"상감마마, 재상이 들고 다니는 비단 꾸러미 속에 무엇이 들어 있는지 알고 계십니까?"

"모른다."

"상감마마, 그 꾸러미 속에는 아주 귀한 보물이 들어 있다는 것입니다. 상감마마께서도 가지시지 못한 그런 보물이라 하옵니다."

이 말을 들은 임금님은 그 보따리 속에 무엇이 들어 있는지 궁금해 견딜 수가 없었습니다.

"정말 그럴까? 하지만 그 속에 그렇게나 귀한 보물이 들어 있다면 자기 집에 잘 보관할 것이 아니겠느냐?"

하고 임금님은 그 말을 들려준 신하에게 되물었습니다.

"상감마마, 그렇게 하면 도둑을 맞을 수도 있어, 가장 안전하게 손수 들고 다닌다 하옵니다."

"그렇기도 하겠군."

그러던 어느 날, 임금님은 여러 대신들이 있는 곳에서 재상에게 물었습니다.

"경이 늘 들고 다니는 비단으로 싼 보따리 안에는 무엇이 들어 있는가?"

"상감마마, 아뢰옵기 황송하오나 상감마마께 보여 드릴 만한 것이 못 되옵니다."

"그게 무슨 말인가? 내게 보여 줄 수 없다면 이 세상에 둘도 없는 보배로운 것임에 틀림없겠군."

"아니옵니다. 보여 드릴 만한 것은 못 되오나 보배는 아니옵니다."

"어쨌든 경은 그 보따리를 짐에게 보이라!"

임금님의 목소리는 노여움마저 띠고 있었습니다. 그러자

"황송하온 분부시옵니다."

하며 재상은 조심스럽게 보따리를 풀기 시작했습니다. 그의 손

이 부들부들 떨렸습니다. 여러 대신들은 호기심에 찬 눈으로 보따리를 지켜보았습니다.

그러나 보따리 속에서 나온 것을 보자, 임금님을 비롯한 그 자리에 모인 대신들은 모두 두 눈이 동그래지며 놀랐습니다. 그것은 다 떨어진 누더기옷이었습니다.

"아니, 경은 이런 보기 흉한 옷을 어떤 까닭으로 늘 손에서 놓지 않는가?"

"아뢰옵기 황송하옵니다."

하고 재상은 떨리는 목소리로 이야기를 시작하였습니다.

재상은 어렸을 때 무척 어렵게 살았습니다. 그래서 재상의 어머니는 이 아들을 훌륭하게 키우기 위해 온갖 고생을 다 하였습니다. 그리하여 마침내 아들이 벼슬을 하게 되어, 위로는 한 분 임금님을 모시고, 아래로는 대신들을 거느리는 귀한 몸이 되었습니다.

그러자 늙은 어머니는 아들을 불러 놓고 말했습니다

"너는 이제 부러울 것이 없는 몸이 되었다. 그러나 네가 잘 해야 위로는 상감마마께서 마음 편하게 계실 수 있으며, 백성들이 평화스럽게 살 수 있는 것이다."

"예, 어머님. 옳은 말씀이옵니다."

"그런데 사람은 귀히 되면 자기 처지가 천했을 때의 일을 잊어버리기 쉽다. 또, 부자가 된 사람은 자기가 가난했을 때의 일은 금방 잊어버리게 된다."

"예, 어머님. 잘 알고 있습니다."

하고 재상은 조용히 어머니의 말씀을 들었습니다.

"너는 이제 몸도 귀하게 되고 재산도 생겼다. 그래서 이 에미와 고생스럽게 살던 옛일을 잊어버리게 될 것이다. 그러나 네가 만일 그 고생스러웠던 때에 얼마나 가난하고 힘들게 살았는가를 생각하고, 가난한 백성과 너보다 벼슬이 낮은 사람들을 잘 보살펴 주지 않으면 너는 결코 재상의 책임을 다하지 못할 뿐 아니라 오래 가지 못할 것이다."

"예, 어머님의 말씀을 명심하겠사옵니다."

아들의 대답을 들으면서 어머니는 옆에 놓았던 비단 보자기로 꾸린 보따리를 푸는 것이었습니다.

아들은 호기심을 가지고 어머니를 지켜보았습니다.

그런데 그 속에서 나온 것은 놀랍게도 재상이 어릴 때 입었던 누덕누덕 기운 헌옷이있습니다.

"애야, 네가 이 옷을 입고 자라던 때를 잊지 않았겠지?"

"예, 어머님. 얼마나 가난했던지 하루 세 끼도 못 먹었습니다. 그리고 어머님의 고생하시던 모습이 눈에 선하옵니다."

이 말을 듣고 어머니는 그 누더기옷을 다시 비단 보자기에 꾸려 아들 앞으로 밀어 놓으면서 말했습니다.

"이걸 네 일생 동안 몸에서 떼지 말고 지니고 다녀라. 잘 때에는 머리맡에 두고, 상감마마 앞에 나갈 때에도 가지고 가야 한다. 그래서 이 꾸러미를 볼 때마다 너와 이 에미가 고생하던 일을 생각하고, 교만해지지 말고 가난한 백성과 너보다 벼슬이 낮은 벼슬아치들을 잘 돌봐 줘야 한다."

이 말을 들은 아들은 벌떡 일어나 어머니 앞에 큰절을 하며 말했습니다.

"어머님의 분부, 죽을 때까지 지키겠사옵니다."

재상은 이때부터 어머니에게서 받은 비단 꾸러미를 항상 들고 다녔습니다.

재상의 이야기를 다 들은 임금님과 대신들은 잠시 동안 말을 잊고 잠잠했습니다. 이윽고 임금님이 재상에게 말했습니다.

"경의 어머님을 뵙기 원하네."

"황공하옵니다."

그 후 임금님은 재상의 어머니에게 큰 상을 내리고, 이런 줄도 모르고 재상을 시기해서 말한 간신은 그 자리에서 쫓아냈습니다. 그리고 이 재상은 세상을 떠날 때까지 그 벼슬 자리에 있으면서 좋은 일을 많이 하였습니다.

존심편(存心篇)

*素書에 云 薄施厚望者는 不報하고
소서 운 박시후망자 불보
貴而忘賤者는 不久니라.
귀이망천자 불구

『소서』에 이르기를, "남에게 베푸는 데는 박하면서 후한 것을 바라는 사람에게는 보답이 없고, 몸이 귀하게 되고 나서 천했던 때를 잊는 자는 그 귀한 자리에 오래 있지 못한다."고 하였습니다.

***소서(素書)** 중국 한(漢)나라의 황석공이 지은 책. 그 후에 송나라의 장상영이 풀이를 하여 만들었다.

9

나를 먼저 살피고

'도토리 키재기'라는 말이 있습니다.

이 말은 도토리는 비슷비슷한 키를 하고 있어 서로 그 키를 비교해 봐도 더 크거나 작음이 별로 두드러지게 나타나지 않는다는 뜻으로, 이 말을 우리 사람에게 적용하면 우리 가운데 뛰어나게 잘난 사람도 그리 많지 않고, 그저 그만그만하다는 뜻입니다.

그런가 하면, 또 이것은 서로 비슷한 처지이면서 남보다 더 우월한 척하거나 비슷비슷한 잘못을 남 탓으로 돌릴 때도 쓰이는 말입니다.

살다 보면 어떤 일에 실패를 하거나 낭패를 당할 때가 있는데, 그럴 때 우리는 서로의 잘잘못을 따지면서 덮어놓고 다른 사람을 먼저 탓하기가 쉽습니다. 그러나 그래서는 안 됩니다. 우리는 그 일의 원인이 나한테 있었던 것이 아닌가를 먼저 생각해 보아야 합니다. 그래서 나에게 잘못이 없다는 확신이 생

기면, 그 후에야 그 원인이 나 외의 다른 사람에게 있나를 생각해 보는 것이 바른 순서입니다.

　그런데 사람들은 어떤 문제가 생기면 자기의 잘못은 생각하지 않고, 덮어놓고 다른 사람의 잘못이라고만 생각하고 다른 사람을 책망하기가 쉽습니다.

　또, 그런가 하면 사람은 누구나 자기의 잘못은 대수롭지 않게 용서를 잘합니다. 그러나 이것 역시 참으로 잘못된 것입니다. 사람은 남의 잘못은 부드럽게 책망하고, 자기 잘못에 대해서는 엄하게 책망을 해야 하는 법입니다.

　우리나라 속담에 '똥 묻은 개가 겨 묻은 개 나무란다.'는 말이 있는데, 바로 이와 같은 사람의 단점을 가리키는 말입니다.

　이처럼 사람은 어떤 허물이든지 자기에게 있을 때는 깨닫지 못하면서도, 그것이 남에게 있으면 금방 눈에 띄게 마련이어서 곧 책망하게 되는 법입니다.

　그러나 남을 잘 책망하는 사람은 친한 벗을 사귈 수 없고, 자기 자신에 대해 지나치게 너그러운 사람은 자기의 단점을 고칠 기회를 좀처럼 얻지 못합니다.

　공자는 이런 말을 했습니다.

　"자기 집 현관이 지저분하면서 이웃집 지붕의 눈을 치우지 않는다고 탓하지 말라."

존심편(存心篇)

景行錄에 云 責人者는 不全交요,
경 행 록　　운　책 인 자　　부 전 교

自恕者는 不改過니라.
자 서 자　　불 개 과

　『경행록』에 이르기를, "남을 책망하기만 하는 사람은 남과의 사귐이 원만하지 못하고, 자기를 용서하기만 하는 사람은 자기 허물을 고치지 못한다."고 하였습니다.

입을 지키는 일

물이 많이 들어 있는 병이라도 하나뿐인 주둥이를 막으면 속에 들어 있는 물은 밖으로 쏟아지지 않습니다.

마찬가지로, 우리도 조심하지 않고 아무 말이나 함부로 내뱉어서는 안 되고 마치 병의 주둥이를 막아 물이 쏟아지지 않게 하듯, 늘 우리의 입을 잘 지켜야 합니다.

존심편(存心篇)

*朱文公이 曰 守口如瓶하고 防意如城하라.
주문공　왈　수구여병　　　방의여성

주문공이 말하기를, "입을 지키기를 병마개를 닫듯 하고, 뜻을 막기를 성을 지키듯 하라."고 하였습니다.

*주문공(朱文公) 중국 송나라 때의 유학자 주자(朱子). 이름은 희. 성리학을 집대성함.

장량과 노인

　장량(張良)은 중국 한(韓)나라 국무총리의 아들이었습니다.
　그의 집안은 할아버지도 국무총리를 지낸 이름 있는 가문이었습니다.
　그런데 장량이 20세 때에 한나라는 진(秦) 시황에게 멸망을 당했습니다. 그래서 장량은 어떻게 해서든지 시황제를 쓰러뜨려 원수를 갚으려는 생각으로 가득 차 있었습니다.
　장량은 아우가 죽었어도 장례식을 크게 하지 않고 집과 가산을 다 팔아 여비를 장만해 가지고 길을 떠났습니다. 그리하여 그는 시황제를 칠 기회를 기다리고 있었습니다.
　그러던 중 장량은 고(高)라는 이름을 가진 아주 힘이 센 용사와 서로 알게 되었습니다.
　마침 그 무렵, 시황제가 나라 안을 두루 돌고 있었습니다.
　장량은 고에게,
　"큰 쇠망치를 던져 시황제의 수레를 박살 내어 시황제의 목숨을 빼앗아 주지 않겠나?"
하고 부탁을 했습니다. 고는 장량의 뜻을 알고 있었으므로 쾌히 승낙을 하였습니다.

장량은 120근의 쇠망치를 고에게 들리고, 시황제가 지나가는 산 속에 숨어 있었습니다.

시황제의 행렬은 바로 아래의 산길을 지나고 있었습니다.

고는 장량의 신호로 쇠망치를 '에잇' 하고 행렬을 겨누어 던졌습니다.

윙 소리를 내며 날아간 큰 쇠망치는 보기 좋게 황제의 수레에 맞았습니다. 수레는 산산조각이 나 버렸습니다.

"됐다!"

그러나 그것은 빈 수레였습니다. 조심성 많은 시황제는 그 수레에 타지 않고 부하의 수레에 타고 있었던 것입니다.

시황제는 노발대발하여 곧 부하들을 풀어 산속을 샅샅이 뒤졌지만, 장량과 고는 이미 피하고 없었습니다.

그 후 장량은 이름을 바꾸고 하비라는 고을로 피하여 쓸쓸히 살아가고 있었습니다.

그러던 어느 날이었습니다. 장량은 마을 밖의 흙다리 위를 지나가다가 초라한 옷차림의 한 노인과 마주쳤습니다.

노인은 장량을 바라보다 갑자기 신고 있던 신발을 다리 위에서 냇가로 떨어뜨리고 나서 말하는 것이었습니다.

"가서 신발을 집어 오너라."

노인은 마치 자기 손자에게 하듯 조금도 거리낌 없이 말했습니다.

장량은 울컥 분한 생각이 치밀어 올랐습니다. 그러나 상대방이 나이 많은 노인이라 꾹 참고 다리 아래로 내려가 신발을 주워 가지고 왔습니다. 그러자 노인은 발을 앞으로 내밀며,

"신겨라!"

하고 말하는 것이었습니다.

장량은 아무 소리 하지 않고, 무릎을 꿇고 신겨 드렸습니다.

노인은 미소를 지으며 장량을 바라보더니, 고맙다는 인사도 없이 그냥 그 자리를 떠났습니다.

그런데 한 열 발짝쯤 걸어가던 노인은 다시 발길을 돌리며,

"너는 쓸 만한 데가 있을 법하군. 내가 한 가지 좋은 것을 가르쳐 줄 테니, 닷새 후에 날이 샐 무렵에 여기로 와서 기다리거라."
하고는 가 버렸습니다.

장량은 보통 노인이 아닌 것 같아 공손히 인사를 했습니다.

닷새 뒤 날이 샐 무렵에 흙다리 위에 와 보니, 노인은 벌써 와서 기다리고 있었습니다.

"늙은이와 약속을 하고 기다리게 하다니, 못쓰겠군. 오늘은 그냥 돌아가거라. 그리고 닷새 뒤에 다시 오너라."

노인은 장량을 꾸짖고는 가 버렸습니다.

다시 닷새가 지난 후 날이 샐 무렵에 장량은 아직 어둑어둑할 때 그리로 갔습니다. 그러나 역시 노인이 먼저 와 있었습니다. 장량은 또 꾸중을 듣고 돌아왔습니다.

또 닷새가 지났습니다.

장량은 이번엔 늦지 않겠다는 결심으로 밤중에 일어나 다리까지 왔습니다.

노인은 아직 와 있지 않았습니다. 장량은 마음을 놓고 노인을 기다렸습니다.

동녘 하늘이 밝아올 무렵, 노인이 나타났습니다. 그리고는 기다리고 있는 장량을 보고 반기며,

"그렇지, 젊은 사람은 그래야 된다. 이것을 네게 줄 테니 잘

읽거라. 틀림없이 임금의 스승이 될 것이다."
하고 노인은 두루마리 책 하나를 건네주었습니다. 노인은
"누구시온지 가르쳐 주십시오."
하는 장량의 말에,
"나는 곡성산(穀城山) 기슭의 황석(黃石)이다."
하고 대답했습니다.

두루마리 책은 그 옛날, 태공망여상(太公望呂商)이라는 사람이 지은, 세상에 둘도 없는 병법에 관한 책이었습니다. 장량은 정신차려 읽고 또 읽어 외워 버렸습니다.

그로부터 10년의 세월이 흘렀습니다. 시황제는 죽었지만, 진나라의 정치가 좋지 않아 각지에서 반란이 일어났습니다.

장량은 유방(劉邦)이라는 대장을 도와 진나라를 공격했습니다. 장량의 작전은 한 가지도 틀리지 않았습니다. 백전백승하여 마침내 진나라를 멸망시켰습니다.

유방은 한(漢)나라를 세우고 황제가 되었습니다. 그는,
"계략으로는 장량을 당할 수가 없다."
하고 감탄하였습니다.

장량이 높은 벼슬에 오른 다음, 곡성산 기슭에 가 보았더니 누런돌(황석)이 하나 있었습니다. 그래서 장량은 사당을 짓고 그 돌을 귀히 모셨다고 합니다.

장량이 그 노인을 처음 만났을 때, 치밀어 오르는 분을 참지

못하고 노인에게 대들기라도 하였다면 어찌 되었을까요?

   그가 분을 참고 노인이 시키는 대로 다리 아래로 던진 신발을 집어 왔기 때문에 노인으로부터 병서를 받게 된 것입니다.

계성편(戒性篇) - 인간 본연으로서의 성품

忍一時之忿이면 免百日之憂이니라.
인 일 시 지 분   면 백 일 지 우

한때의 분함을 참으면 백 날, 즉 오래 가는 근심을 면할 수가 있다.

得忍且忍이요 得戒且戒하라.
득 인 차 인   득 계 차 계

不忍不戒면 小事成大니라.
불 인 불 계   소 사 성 대

참을 일이 있으면 참고 또 참을 것이요, 경계할 일이 있으면 경계하고 또 경계하라. 참지 못하고 경계하지 못하면, 작은 일이 크게 되느니라.

12

양보하는 덕

　두 마리의 산양이 좁은 다리 위에서 만났습니다. 다리는 좁아서 두 마리가 한꺼번에 지나갈 수가 없었습니다.
　더구나 산양은 뒷걸음질을 치지 못합니다.
　"어떻게 하면 두 마리가 다 안전하게 다리를 건너갈 수 있을까?"
　서로 앞으로 가겠다고 맞부딪치면, 두 마리의 산양은 둘 다 다리 아래로 떨어질 수밖에 없습니다.
　그때 마침 한쪽 산양이 머리를 짜내었습니다. 그 산양은 다리 위에서 무릎을 꿇고 세로로 앉았습니다. 그러자 저 쪽 산양이 그 양을 뛰어넘었습니다. 그리하여 두 마리는 다 안전하게 다리를 건널 수가 있었습니다.
　한쪽이 양보함으로 두 마리 모두 무사할 수 있었던 것입니다.
　'양보'는 참으로 아름다운 미덕입니다. 겸손한 사람이 아니고서는 양보하지 못합니다. 우리가 살고 있는 사회를 아름답게 이끌어 나갈 수 있는 비결은 이 사회에 속해 있는 사람들이 서로 양보하는 것입니다. '양보가 때로는 성공의 가장 좋은 방법이기도 하다.'는 영국의 속담은 양보가 얼마나 소중한 행동인지를 잘 말해 주고 있습니다.

그린데 이 '양보'와 정반대로 '이기기'를 좋아하는 사람이 있습니다. 이 경우는 모든 조건이 당연히 이기게 되었을 때의 이김을 말하는 것이 아니라, 이기기 위해서 수단이나 방법을 가리지 않는 경우를 말합니다. 어떻게 해서든지 이기려고만 하는 사람은 반드시 적을 만나게 됩니다.

내가 정정당당하게 실력으로 이겼을 때에는 나에게 진 상대로부터 오히려 존경을 받게 되지만, 그렇지 못할 경우에는 상대방의 마음에 큰 상처를 주게 되어 그가 나의 적이 되고 맙니다.

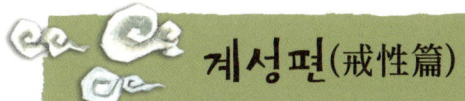

계성편(戒性篇)

景行錄에 云 屈己者는 能處重하고
경행록   운 굴기자   능처중
好勝者는 必遇敵이니라.
호승자   필우적

『경행록』에 이르기를, "자기를 굽힐 줄 아는 사람은 중요한 자리에 오를 수 있고, 남을 이기기를 좋아하는 사람은 반드시 적을 만나게 된다."고 하였습니다.

은혜를 갚은 두꺼비

 옛날 어느 산골에 아내를 여의고, 딸 하나를 데리고 사는 가난한 농부가 있었습니다. 농부의 딸은 예쁘게 생긴 얼굴처럼 마음씨도 무척 고운 소녀였습니다.
 어느 해 겨울, 그날은 바람이 몹시 부는 추운 날이었습니다.
 딸이 부엌에서 저녁밥을 짓느라고 아궁이에 불을 때고 있는데, 어디에서 나타났는지 아주 커다란 두꺼비 한 마리가 엉금엉금 기어 딸에게로 다가왔습니다.
 소녀는 깜짝 놀랐습니다.
 "아니, 이 추운 겨울에 네가 웬일이냐? 땅속으로 미처 들어가지 못해 이렇게 찾아온 것이구나! 내가 너를 어떻게 도와주면 되겠니?"
 소녀는 두꺼비를 바라보며 사람에게 말하듯 했습니다. 그러자 두꺼비는 소녀를 바라보며 입을 우물우물 놀리는 것이었습니다.

"응, 배가 고픈 게로구나."

소녀가 얼른 그릇에 밥을 담아서 두꺼비 앞에 갖다 놓자, 두꺼비는 냉큼 그 밥을 다 먹어치웠습니다.

"몹시 배가 고팠구나."

두꺼비는 밥을 다 먹고 난 다음에도 어디에도 가려 하지 않고, 그 자리에 가만히 앉아 있었습니다.

"그래, 밖에는 추워서 네가 갈 곳도 없지. 그럼 이 부엌에서 살아라."

소녀는 부엌의 아늑한 구석에다가 두꺼비가 살 수 있도록 자리를 마련해 주었습니다.

두꺼비는 그날부터 딸에게 밥을 얻어먹으며 살아갔습니다. 두꺼비의 몸집은 날마다 점점 더 커졌습니다.

어느덧 겨울이 가고 봄이 돌아왔습니다. 그런데 소녀의 아버지가 그만 병에 걸리고 말았습니다. 소녀의 아버지는 시름시름 앓다가 병이 점점 깊어졌습니다.

효성스러운 딸의 정성스런 병간호도 효력이 없었습니다.

소녀는 산 아래 마을에 사는 의원을 찾아가서 아버지의 병을 고쳐 달라고 애원하였습니다. 의원은 병든 아버지를 진찰하더니 한숨을 쉬며 이렇게 말하는 것이었습니다.

"너희 아버지의 병을 낫게 할 약이 있긴 하다만, 그러나 그 약은 값이 하도 비싸서 네 형편으로는 어렵겠구나."

약이 있다는데 돈이 없어서 구하지를 못하니, 소녀의 가슴이 얼마나 아팠겠습니까.

소녀는 날마다 신령님께 아버지의 병을 낫게 해 달라고 빌었습니다.

그러나 아버지의 병은 약을 먹어야 나을 텐데, 약값이 그렇게나 비싸니 구할 도리가 없었습니다.

그러던 어느 날, 소녀에게 무척 반가운 소식이 들려왔습니다. 그것은 이웃 마을에서 산당에 제사 드리기 위해 해마다 소녀 한 사람을 사서 제물로 바치고 있는데, 그 몸값을 아주 많이 준다는 것이었습니다.

소녀는 자기가 그 제물로 팔려 가면, 몸값으로 받은 돈으로 아버지의 약을 살 수 있겠다고 생각했습니다.

그래서 소녀는 그 이웃 마을을 찾아가 우두머리 어른을 만났습니다. 그는 소녀의 딱한 사정 이야기를 듣고는 몸값을 더 후하게 주기로 약속을 하였습니다.

마침내 팔려 갈 약속의 날을 정하고, 몸값을 받은 소녀는 지체하지 않고 아버지의 약을 사 왔습니다. 그리고 소녀의 효성으로 아버지는 그 약을 먹고 병이 나았습니다.

드디어 소녀가 팔려 갈 날이 다가왔습니다. 소녀는 자기를 데리러 온 사람들을 따라가기 전에,

"아버지, 며칠 동안 이웃 마을에 좀 다녀오겠습니다. 아버지

의 약값을 갚기 위해 이웃 마을에 가서 일을 해 주기로 하였어요."
하고 아버지의 마음을 안심시켜 놓았습니다.

아버지는 그런 줄만 알고 있었습니다.

소녀는 이웃 마을의 뒷산으로 올라가 산당 안으로 들어갔습니다. 이 산당 안에는 괴물이 살고 있는데, 이렇게 해마다 제물로 바쳐지는 소녀는 두세 시간 뒤에는 어디로 갔는지 흔적도 없이 사라지는 것이었습니다.

소녀를 산당 안에 넣은 이웃 마을 사람들은 소녀가 도망치지 못하도록 문을 밖에서 잠갔습니다.

이제 산당 안에 홀로 남게 된 소녀는 죽을 일만 생각하고 하염없이 눈물을 흘리고 있었습니다. 그런데 울고 있던 소녀가 갑자기 기겁을 하고 놀랐습니다. 집에서 밥을 먹여 기르던 두꺼비가 어떻게 왔는지 어느새 소녀의 발 앞에 앉아 있었던 것입니다.

뿐만 아니라, 그 두꺼비는 두 눈을 부릅뜨고 천장을 바라보며 '쐐' 소리를 내는데, 그 입에서는 노란 연기가 뿜어 나오고 있었습니다.

그런데 더 놀라운 것은 노란 연기가 천장으로 피어 올라가자, 이번에는 천장으로부터 푸른 연기가 뭉게뭉게 내려오는 것이었습니다. 이 두 개의 연기가 서로 싸우고 있는 것입니다.

그러다 노란 연기가 더 세게 자꾸 천장으로 밀려 올라가자, 푸른 연기는 점점 줄어들어, 나중에는 산당 안이 노란 연기로 가득 찼습니다. 그러자 벼락치는 것 같은 큰 소리가 나면서 산당이 흔들거리는 바람에 소녀는 그만 정신을 잃고 말았습니다.
　마을 사람들은 산당에다가 소녀를 제물로 바친 다음, 두세 시간 뒤에는 산당에 와서 문을 열고 죽은 소녀를 위해 제사를 드리기로 되어 있었습니다.
　그런데 마을 사람들이 산당의 문을 열자, 거기에는 놀라운 광경이 벌어져 있었습니다.
　자취도 없이 사라져야 할 소녀가 정신을 잃고 쓰러져 있고, 그 옆에는 난데없이 두꺼비가 죽어 자빠져 있는 것이 아닙니까!
　마을 사람들은 얼른 소녀를 꺼내다가 정신을 차리도록 보살펴 주고는, 두꺼비를 후하게 장사 지내 주었습니다.

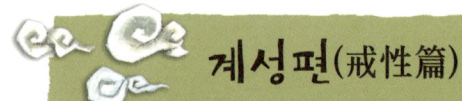
계성편(戒性篇)

凡事에 留人情이면 後來에 好相見이니라.
범사　유인정　　후래　호상견

모든 일에 인정을 남겨 두면, 뒷날에 서로 반가이 만나게 된다.

5장 배우며 노력하는 생활

1. 간절한 배움
2. 한석봉과 떡 장수 어머니
3. 없어서는 안 될 사람

1 간절한 배움

옛 중국의 동진이라는 나라에 차륜이라는 소년이 가난하지만 열심히 공부하면서 살고 있었습니다.

그 무렵에는 책을 많이 읽고 학문을 익혀서 과거 시험에 붙지 못하면 관리가 될 수 없었습니다. 그런데 책읽기를 좋아하는 차륜이지만 집안이 너무 가난하여 밤에 책을 읽기 위해 불을 밝힐 기름을 마음놓고 사서 쓸 수가 없었습니다.

그래서 여름에는 개똥벌레(반딧불이)를 잡아서 주머니에 넣어 그 불빛으로 책을 읽었습니다. 그처럼 어렵게 공부한 끝에 그는 과거에 급제하여 상서랑이라는 벼슬에까지 올랐습니다.

같은 시대에 가난한 집안에서 태어난 손강이라는 소년도 차륜처럼 공부하기를 즐겼지만, 겨울이 되면 불을 밝힐 만한 여유가 없어, 창 밖의 흰 눈빛으로 공부하였습니다. 그리하여 그도 어사대부라는 높은 벼슬에까지 올랐습니다.

이 두 이야기를 합쳐서, 후세 사람들이 어렵게 공부하여 그 보답을 받는 것을 '형(개똥벌레) 설(눈)의 공'이라고 일컫게 되었습니다.

지혜는 학문으로부터 얻어지는 것입니다. 옛 중국의 한 학자는
"배움을 그치지 말라, 관을 덮을 때까지."
라고 말해서 사람은 죽는 순간까지 공부해야 한다고 일렀습니다. 그런가 하면, 또 다른 학자는 다음과 같이 말했습니다.
"배우는 데 시간이 없다고 하는 사람은, 시간이 있더라도 또한 배울 수 없다."

근학편(勤學篇) - 배우고 익혀 부지런히 공부함

莊子 曰 人之不學은 如登天而無術하고,
장자 왈 인지불학   여등천이무술

學而智遠이면 如披祥雲而覩靑天하고,
학이지원   여피상운이도청천

登高山而望四海니라.
등고산이망사해

장자가 말하기를, "사람이 공부하지 않는 것은 재주도 없이 하늘에 오르려는 것과 같고, 학문을 닦아 아는 것이 깊으면, 상서로운 구름을 헤치고 푸른 하늘을 바라보며 높은 산에 올라 사면의 바다를 바라보는 것과 같다."고 하였습니다.

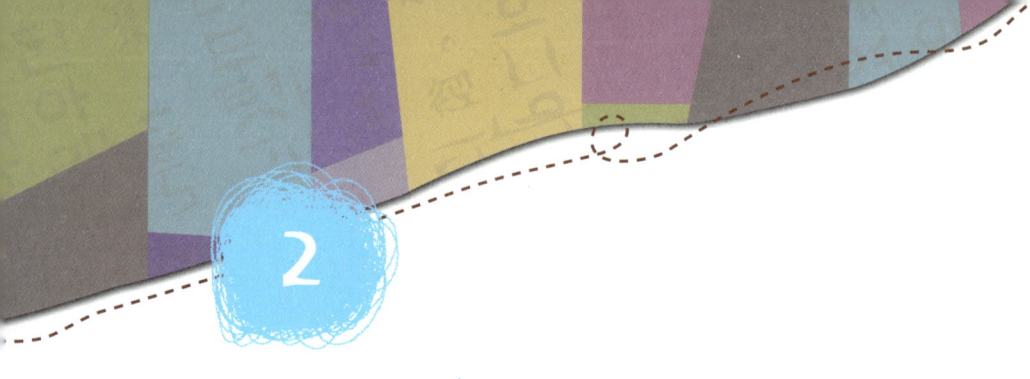

2 한석봉과 떡 장수 어머니

시골 작은 마을의 나무 밑에서 꼬마 아이들이 소꿉놀이를 하면서 매우 재미있게 놀고 있었습니다.

그런데 한 아이만 저 쪽에서 혼자 손가락 끝으로 흙 위에 글씨를 쓰는 흉내를 내고 있었습니다.

지나가던 선비가 몰래 그 아이의 등 뒤로 가 보았습니다.

아이는 등 뒤에 누가 온 줄도 모르고,

"이 글씨는 하나도 힘이 없어."

하고 중얼거렸습니다.

"한일(一)자로구나?"

선비가 말하자, 그 아이는 깜짝 놀라 뒤를 돌아보았습니다.

"너 몇 살이냐?"

선비가 물었습니다.

아이는 손가락 세 개를 펴 보였습니다.

"세 살? 음, 아주 똑똑하게 생겼구나. 아가야, 공부하고 싶으냐?"

아이는 고개를 끄덕였습니다. 선비는 허리를 굽혀 손가락 끝으로 땅바닥에 큼직하게 한일자를 쓰고 나서 말하였습니다.

"글씨에 힘이 없는 것은 사람이 힘을 주지 않고 쓰기 때문이다. 그러므로 온 힘을 기울여 써야 하는 것이야. 온 힘이란 온 정성과도 같은 것이다."

그러자 아이는 땅에 반듯이 앉아 다시 손가락 끝으로 한일자를 쓰다가,

"아야!"

하고 손가락 끝을 쥐었습니다. 너무 힘을 많이 주었기 때문에 아이의 손가락 끝에 피가 맺혔습니다.

"많이 다쳤느냐?"

아이는 고개를 가로젓더니 흙을 모아서 그 흙 위에 힘있게 글씨를 썼습니다.

"너는 장차 훌륭한 사람이 되겠구나."

선비는 웃으며 길을 재촉하여 갔습니다.

아이는 어머니와 단둘이 살고 있었습니다. 가난하여 농사지을 땅이 없었기 때문에 아이의 어머니는 떡 장수를 하였습니다.

그러던 어느 날이었습니다. 밥상을 차려 준 어머니가 부엌에서 방으로 들어오시지 않자 아이는 부엌을 내다보았습니다. 그런데 어머니가 빈 솥을 혓바닥으로 핥고 있는 것이었습니다.

그 순간, 아이는 눈물이 핑 돌았습니다.

"아, 어머니! 나는 그것도 모르고 언제나 혼자 배부르게 먹었으니……."

이렇게 가난한 형편에서도 어머니는 아들을 공부시키기 위해서 열심히 떡 장수를 하였습니다.

아이는 글방에도 다녔는네, 종이가 없어서 글씨 공부를 할 수 없을 때는 질그릇 조각을 주워서 물로 글씨 연습을 하고, 어떤 때는 다리 위에서 물로, 비 오는 날은 항아리 뚜껑에다 빗물을 붓에 적셔 한 자 한 자 정성껏 글씨를 썼습니다.

그러던 어느 날, 어머니는 큰 맘을 먹고서 아들을 집에서 30리 정도 떨어진 절로 공부하러 보낼 작정을 하였습니다.

"너는 10년 동안 절에서 공부만 하여라. 그 기간 동안에 절대 집에 오면 안 된다."

어머니는 아들을 절에 보내면서 말하였습니다.

이 아이가 바로 한석봉입니다.

그래서 한석봉은 절에서 공부를 시작하였습니다. 그리고 세월이 많이 지났습니다.

그동안 집에 계신 어머니가 보고 싶은 마음을 몇 번이고 참았던 한석봉은, 어느 날 절을 몰래 빠져나와 밤중에 집에 도착하였습니다. 그리고는

"어머니! 어머니!"

하고 불렀습니다.

"누구요?"

희미한 등잔 밑에서 떡을 썰고 있다 방문을 연 어머니는 반가운 얼굴이 아니었습니다.

"저예요, 어머니!"

"저라니?"

"어머니의 아들 한석봉입니다."

"지금 우리 아들은 절에서 공부를 하는 중인데, 집을 잘못 찾으신 모양이구료."

"저어, 어머니, 스님이 제 글씨를 보고 칭찬을 하시고 저도 자신이 있길래……."

한석봉이 떠듬떠듬 말하자 어머니는 그제야,

"들어오너라."

하고 아는 체를 하였지만, 여전히 조금도 반가워하는 기색을 보이지 않았습니다.

"앉거라. 그리고 벼루에 먹을 갈아라."

한석봉은 영문을 몰랐으나, 어머니가 시키는 대로 하였습니다.

"글씨 쓸 준비가 다 되었느냐? 어디 시험해 보자."

어머니는 등잔불을 입으로 불어 껐습니다.

"자, 너는 글씨를 쓰고 나는 떡을 썰자. 그리고 누가 더 고르게 하는지 보자."

말을 마친 어머니는 떡을 썰기 시작하였습니다. 한석봉도 글씨를 써내려 갔습니다.

얼마 후 어머니는,

"이제 그만해라."

하고 불을 켰습니다.

그런데 이게 웬일입니까? 한석봉이 쓴 글씨는 크고 작고 비뚤어지는 등 도무지 제대로 쓴 글씨라고 할 수가 없었습니다.

그러나 어머니가 썬 떡은 크기나 두께가 쪽 고른 게 보기 좋았습니다.

"어머니, 제가 잘못했습니다. 명필이 되지 않고서는 어머니 앞에 다시는 나타나지 않겠습니다."

이렇게 약속하고 떠난 한석봉은 그 후 훌륭한 명필이 되었습니다.

아무리 좋은 재주를 지녔다 하더라도, 이를 정성껏 갈고 다듬지 않으면 아무 소용이 없는 것입니다.

근학편(勤學篇)

*禮記에 云 玉不琢이면 不成器하고,
  예 기   운 옥불탁   불 성 기

人不學이면 不知義니라.
인 불 학   부 지 의

『예기』에 이르기를, "옥은 다듬지 않으면 그릇이 되지 못하고, 사람은 배우지 않으면 사람의 도리를 알지 못한다."고 하였습니다.

＊**예기(禮記)** 오경(五經)의 하나. 중국 한나라의 대성이 만든 책.

3

없어서는 안 될 사람

세상을 어떻게 살아야 하는가? 우리들 사이에 일어나고 있는 갖가지 문제는 어떻게 해결해 나가야 하는가?

이와 같은 문제들을 해결해 나가는 것이 사람들의 지혜인데, 이 지혜는 학문으로부터 배워 아는 것입니다. 그러므로 학문은 우리가 살아가는 동안 잠시도 떠나서는 안 되는 것입니다.

제자가 스승을 떠나면 배움의 목적을 이룰 수 없듯이, 사람이 학문을 떠나서는 결코 사람다운 삶을 살 수 없습니다.

흔히 세상에는 세 종류의 사람이 있다고 합니다. 첫 번째는 이 세상에 없어서는 안 될 사람으로, 이런 사람이 많을수록 세상은 살기 좋고 아름답게 됩니다. 두 번째 사람은 있어도 그만 없어도 그만인, 이 세상에 아무런 좋은 영향도 주지 못하는 사람입니다. 그리고 마지막으로 세 번째 사람은 세상에 살면서 이 세상에 나쁜 영향을 끼치는 사람입니다.

그러므로 이 세상에 없어서는 안 될 사람이 되기 위해서 우리는 끊임없이 배움을 통해 지혜를 얻어야 합니다.

 근학편(勤學篇)

*徽宗皇帝 曰 學者는 如禾如稻하고,
휘종황제 왈 학자 여화여도

不學者는 如蒿如草로다.
불학자 여호여초

如禾如稻兮여 國之精糧이요 世之大寶로다.
여화여도혜 국지정량 세지대보

如蒿如草兮여 耕者憎嫌하고, 鋤者煩惱이니라.
여호여초혜 경자증혐 서자번뇌

他日面墻에 悔之已老로다.
타일면장 회지이로

휘종 황제가 말하기를, "배운 사람은 낟알 같고 벼 같고, 배우지 않은 사람은 쑥 같고 풀 같다. 낟알 같고 벼 같은 것은 나라의 좋은 양식이요, 온 세상의 보배로다. 그러나 쑥 같고 풀 같은 것은 밭을 가는 사람이 보기 싫어 미워하고, 김을 매는 사람을 수고롭고 힘들게 한다. 훗날 배우지 못한 사람은 담장을 대하듯 만사가 답답함에 뉘우치지만 이미 때는 늦었다 하노라." 고 하였습니다.

* **휘종(徽宗)** 중국 북송(北宋)의 제8대 임금.

6장 마음을 닦는 생활

1. 충효와 보화를 바꾼 소년
2. 가난한 형제와 부자 형제
3. 개구리와 뱀과 너구리
4. 물고기와 돌멩이
5. 잘못된 재판
6. 큰 나무와 큰 사람
7. 알 수 없는 사람의 마음
8. 엉큼한 여우
9. 형제와 금덩이
10. 돌려준 황금
11. 나귀와 염소
12. 옥을 찾아 떠난 소년
13. 파리의 죽음

안 음

1

충효와 보화를 바꾼 소년

한 소년이 길가에서 넋을 잃고 앉아 한숨을 '푸푸' 쉬고 있었습니다.

마침 그때, 한 노인이 소년 앞을 지나가게 되었습니다. 노인은 그 소년을 보자, 발걸음을 멈추고 물었습니다.

"애야, 네 얼굴을 보니 큰 걱정에 싸여 있는 것 같은데, 도대체 어떤 근심이 있어서 그러느냐?"

"예, 어르신께 말씀 드릴 수 없는 사정이 있습니다."

"그러냐? 그렇다면 그만두렴."

노인은 그냥 그 소년을 지나쳐 성큼성큼 걸어갔습니다.

그 길은 외딴길이라, 지나가는 사람이 많지 않았습니다. 산골길에는 그 소년만 있을 뿐이었습니다. 이윽고 소년도 자리에서 일어나 걷기 시작했습니다.

"도대체 그 보배를 어디에 가서 구할 수 있을까?"

소년은 혼자 중얼거리며 걸었습니다. 바로 그때였습니다.

"애야, 네가 구하려는 보배란 도대체 어떤 것이냐?"

하고 소년에게 말을 건 사람은 머리도 수염도 모두 하얗고, 손에 지팡이를 들고 있는 할아버지였습니다.

"예, 충효라는 보배입니다."

이 말에 할아버지는 다시 되물었습니다.

"충효를 사고 싶다는 말이냐?"

"그렇습니다, 할아버지."

"그럼 너는 그 충효라는 보배를 살 만한 돈을 가졌느냐?"

"예, 저에게 아주 값진 보물이 있습니다."

"그 보물을 팔면 많은 돈을 받을 수 있느냐?"

"그렇습니다. 누구라도 그 보물을 판 돈을 가지면 일생 동안 걱정 없이 지낼 수 있을 것입니다."

"그렇다면 나와 함께 가자."

"정말 충효라는 보배를 살 수 있다는 말씀입니까?"

"그래."

소년은 할아버지를 따라갔습니다. 그런데 둘이서 한참을 걸어 산모퉁이를 돌아가니, 거기에 한 소년이 바위 위에 누워 자고 있었습니다. 할아버지는 들고 있던 지팡이로 자고 있던 소년을 툭툭 쳐서 잠을 깨웠습니다.

"너는 어떤 아인데 이런 산골에서 혼자서 자고 있느냐?"

"예, 길을 가다가 지쳐서 쉬고 있던 중입니다."

"어디까지 가는 길이냐?"

"이 산 속에 신선 한 분이 계시다는 소문을 듣고, 그분을 만나 뵈러 가던 길입니다."

"그 신선을 만나서 무엇을 하려는 것이냐?"

"예, 충효라는 보배를 팔아넘기고 싶어서입니다."

이 말에 소년과 할아버지는 귀가 번쩍 띄었습니다.

"충효가 싫어서 팔려고 그러느냐?"

"어찌 싫겠습니까?"

"그런데 왜 팔려 하느냐?"

"집이 하도 가난해서, 아무리 효성을 다하려 해도 부모님을 따뜻하게 모실 수 없으니 가슴이 아픕니다. 그래서 누가 제 충효를 사 준다면, 팔아서 그 돈으로 부모님께 효도를 다하려는 생각입니다."

"그럴 수도 있겠구나. 그렇다면 잘됐다. 이 아이는 충효를 사고 싶어하고, 너는 그것을 팔고 싶어하니 마침 서로 잘 만났다. 자, 우리 집으로 가자."

할아버지는 두 소년을 데리고 산모퉁이를 돌아갔습니다. 그러자 거기에 오두막집 한 채가 서 있었습니다. 노인은 그 오두막집 안으로 두 소년을 데리고 들어갔습니다.

충효를 사고 싶다는 소년은 몸에 지니고 온 값진 보물을 꺼내 놓았습니다. 충효를 팔고 싶다는 소년은 저고리를 벗더니 하얀 가슴을 드러내 보였습니다.

"충효를 너한테서 꺼내다가 저 아이에게 주마."

이 말을 마친 할아버지는 이번에는 충효를 사고 싶어하는 소년에게 말했습니다.

"너도 저고리를 벗어라. 그리고 네 가슴과 이 소년의 가슴을 마주 대어라."

두 소년은 할아버지가 시키는 대로 했습니다.

"둘 다 눈을 감고, 정신을 모아라."

두 소년이 그렇게 하자, 할아버지는 두 아이의 머리에 손을 얹고 뭔가 주문을 외는 것이었습니다.

충효를 사고 싶은 소년은 가슴이 뜨거워짐을 느꼈습니다.

충효를 팔고 싶은 소년은 가슴이 얼음처럼 차가워짐을 느꼈습니다. 이윽고 할아버지는 말했습니다.

"자, 됐다. 이제 눈을 뜨고 옷을 입어라."

이 말에 눈을 뜬 두 소년은 깜짝 놀랐습니다. 할아버지는 온데간데없고, 오두막집도 사라졌습니다. 다만 그대로 있는 것은 충효를 사고 싶어한 소년이 가지고 온 보물을 상대편의 소년이 꼭 쥐고 있는 것이었습니다.

두 소년은 헤어져 각각 자기 집으로 돌아갔습니다.

그런데 이상한 일이 일어났습니다.

아무리 효성을 다하려 해도 너무 가난해서 부모를 잘 모실 수가 없었던 소년은 충효를 넘겨주고 받은 보물을 팔아 큰 부자가 되었습니다. 그런데 처음 생각과는 달리, 부모님을 효성스럽게 모시기는커녕 오히려 돈을 마구 쓰며 나쁜 짓만 하게 되었습니다. 그의 부모님이 아무리 타이르고 달래도 소용이 없었습니다. 마침내 그의 부모님은 불효 자식에 대한 걱정 때문에 병까지 들고 말았습니다.

이와는 반대로, 충효를 사느라고 보물을 판 소년은 가난해지기는 했어도, 부모님을 정성껏 모시는 기쁨과 나라에 충성하는 즐거움으로 행복하게 살았습니다. 그리고 그 소년의 부모님도 아들의 효성 속에서 오래도록 행복하게 살 수 있었습니다.

성심편(省心篇) – 마음의 성찰(省察)

景行錄에 云 寶貨는 用之有盡*이요,
경 행 록   운 보 화   용 지 유 진
忠孝는 享之無窮*이니라.
충 효   향 지 무 궁

『경행록』에 이르기를, "보화는 쓰면 다 없어지고, 충성과 효성은 누리면 누릴수록 없어지지 않는다."고 하였습니다.

* 유진(有盡) 없어질 때가 있다.
* 무궁(無窮) 한이 없다.

2 가난한 형제와 부자 형제

　어느 마을에 커다란 기와집과 가난한 초가집이 이웃해 있었습니다.
　큰 기와집에 살고 있는 부자에게는 세 명의 아들이 있었습니다. 그런데 아들들은 아버지의 재산을 어떻게 하면 자기가 더 많이 차지할 수 있을까 하는 생각 때문에 서로 사이가 나빴습니다.
　맏이는 내가 맏이니까 재산을 더 많이 차지해야 된다고 생각하면서, 동생들이 많은 것을 원망했습니다.
　둘째 아들은 자기가 맏이였으면 많은 재산을 물려받을 텐데 하는 생각만 하며 형을 미워했습니다.
　셋째 아들은 자기가 막내이기 때문에 재산을 가장 적게 물려받을 생각을 하니, 두 형이 미워 견딜 수가 없었습니다.
　이와 같이 부잣집 아들 삼 형제는 서로 미워하고 다투기만 하니, 가정이 화목할 리가 없었습니다. 그 부모는 이러한 아들들 때문에 한숨으로 나날을 보냈습니다.

한편, 이웃에 있는 가난한 초가집의 방 안에서는 도란도란 이야기 나누는 소리가 들려왔습니다.

이 집의 내외가 주고받는 이야기입니다.

"여보, 올 농사가 잘 되었지요? 작년보다 수확이 퍽 좋아요."
라는 아내의 말에,

"그래요, 다 당신이 열심히 일한 덕이오."
하고 남편이 대답합니다.

"아녜요, 당신이 나보다 더 열심히 일하셨지요."
"그런데 아우네는 별로 수확이 좋지 않은 것 같소."
"농토도 적고 또 건강치 못해서 그래요. 그러니 여보……"
"왜 그러오?"
"우리 올해 더 거둔 수확을 작은집에 보태 줍시다. 우리는 작년만큼만 있으면 되니까요."
"나도 그 생각을 했소. 여보, 고맙소."
두 내외는 즐겁게 웃으며 가난한 동생을 도와줄 생각으로 행복한 밤을 보냅니다.

넉넉하게 산다는 것은 어렵게 사는 것보다는 좋은 일입니다. 그러나 넉넉하기 때문에 화목하지 못하다면, 오히려 그 넉넉함은 가난함만 못합니다.

아들이 여러 형제 있어도 그 아들들이 부모에게 효도할 줄 모른다면 차라리 효성스러운 아들 하나 있는 것이 더 행복한 일입니다.

삼 형제를 둔 부잣집의 그 부모보다는 의좋은 형제를 둔 부모가 훨씬 행복합니다. 행복은 재물의 많고 적음에 달려 있는 것이 아니니까요.

성심편(省心篇)

家和면 貧也好어니와
가 화   빈 야 호

不義면 富如何오.
불 의   부 여 하

但存一子孝면 何用子孫多리오.
단 존 일 자 효   하 용 자 손 다

집안이 화목하다면 가난해도 좋고, 옳지 못하다면 부자인들 무슨 소용이 있겠느냐. 또, 효도하는 자식 단 하나라도 있으면 되지, 자손이 많아서 무엇하겠느냐.

3

개구리와 뱀과 너구리

　개구리가 연못가에 있는 높은 바위에 편안히 앉아서 바위 밑으로 지나가는 너구리를 놀려 주고 있었습니다.
　너구리는 몹시 화가 나서 분통이 터졌지만, 바위를 타고 올라갈 수가 없어 쳐다만 보고서,
　"야! 개구리놈아, 잡히기만 하면 가만두지 않겠다!"
하고 소리쳤습니다. 그러자 개구리는 개골개골 웃으면서,
　"야, 너구리놈아, 어디 한번 잡아 봐라. 이 개구리 어른에게 너 같은 조무라기는 한 주먹감도 안 된다!"
하며 큰소리쳤습니다.
　개구리는 약이 올라 어쩔 줄 모르는 너구리를 내려다보며 더욱 신이 나서 우쭐대었습니다.
　그런데 바로 그때, 어디선가 큰 뱀 한 마리가 바위 뒤쪽에 나타나서 개구리의 뒷덜미를 덥석 물었습니다.
　깜짝 놀란 개구리는 뱀을 돌아보고 벌벌 떨면서,

"뱀님 뱀님, 저는 너구리를 놀린 것이지, 뱀님을 놀린 것이 아닙니다."

하고 말했습니다.

그러자 뱀은 이렇게 말했습니다.

"이 개구리놈아, 누가 나를 놀렸다고 하느냐? 나는 지금 배가 고파서 너를 잡아먹으려고 하는 것뿐이다."

그러자 그 광경을 지켜보던 너구리가 말했습니다.

"야, 꼴좋다! 자신이 편안하다고 지나가는 남을 그렇게 놀리더니만……. 누구나 항상 편안한 것이 아니라는 것을 알았어야지! 그리고 편안할 때 미리 위험에 대해 준비를 해 두었으면 뱀한테 잡아먹히지는 않을 텐데, 쯧쯧쯧!"

성심편(省心篇)

得寵思辱하고 居安慮危니라.
득 총 사 욕   거 안 려 위

사랑을 받거든 앞으로 욕됨이 돌아올 것을 생각하고, 편안하게 있을 때는 앞으로 올 위태한 것을 생각해 두어라.

4 물고기와 돌멩이

"어영차! 어영차!"

바닷가에서 어부들이 열심히 그물을 끌어올리고 있었습니다.

그물은 요사이 보기 드물 만큼 무거웠습니다. 아마 고기가 듬뿍 잡힌 모양입니다.

어부들은 모두 싱글벙글 웃는 얼굴이었습니다.

"이번 그물은 천 냥 정도는 틀림없어."

한 어부가 자신 있게 말했습니다. 그러자 또다른 한 어부는,

"오늘 저녁에는 아들놈에게 맛있는 과일이라도 좀 사다 주어야지."

하고 좋아했습니다.

"나는 나이 많으신 어머니께 선물과 맛있는 음식을 사다 드리려네."

다른 어부가 그물을 힘주어 당기며 말했습니다.

"어영차, 영차! 어영차, 영차!"

　이마에 땀을 뻘뻘 흘리면서도 어부들은 고단한 줄도 모르고 그물을 당겨 올렸습니다. 얼마나 많은 고기가 잡혔기에 이렇게 그물이 무거울까!

　이윽고 그물이 물가로 끌려 나왔습니다. 그런데 어부들이 와아 달려들어 그물을 펴 보니, 고기는 몇 마리 없고 커다란 돌멩이들만 가득 담겨 있었습니다.

　어부들은 금세 풀이 죽었습니다.

　"이런! 돌멩이를 가지고 헛고생만 했군."

"에잇, 재수 없어! 어머니께 선물을 사다 드리지도 못하게 되었으니……."

"우리 팔자란 언제나 이 모양이니, 언제나 마음 편할 날이 있겠나!"

어부들은 바닷가에 주저앉아서 맥없이 신세타령만 하고 있었습니다.

이때, 한 늙은 어부가 다른 어부들을 돌아보며 말했습니다.

"여보게들, 그렇게 실망할 것 없네. 조금 전까지는 꽤들 좋아하지 않았나. 세상에는 기쁨 다음에 슬픔이 오고, 편안함 다음에 괴로움이 오는 게 당연한 이치라네. 부귀영화가 있으면 다음에 가난과 해로움도 온다네. 즐거운 일만 있는 세상은 아무 데도 없는 거야."

성심편(省心篇)

榮輕辱淺이요 利重害深이니라.
영경욕천   이중해심

영화로움이 가벼울수록 욕됨도 얕고, 이로움이 무거울수록 해로움도 깊다.

5 잘못된 재판

앞뒷집에 사는 두 사람은 아주 친한 친구 사이였습니다. 그런데 뒷집에 사는 친구가 못된 마음을 먹었습니다.

어느 날 밤, 뒷집에 사는 친구가 몰래 앞집 친구네 담을 넘어 집 안으로 들어갔습니다. 그리고는 외양간에 매어 놓은 암소를 몰래 끌고 와 자기 집 외양간에 매어 놓았습니다.

다음날 아침, 앞집 친구가 일찍 자리에서 일어나 밖으로 나와 보니, 외양간에 있어야 할 암소가 보이지 않았습니다. 깜짝 놀란 그 친구는 어쩌면 좋을까 하고 있는데, 귀에 익은 암소의 울음소리가 들려오는 것이었습니다. 그런데 그 울음소리는 바로 뒷집 친구네에서 들려오는 게 아니겠습니까!

앞집 친구는 얼른 뒷집 친구네를 찾아가

"안에 있나?"

하며 대문을 흔들면서 친구를 불렀습니다. 그러자 뒷집 친구가 얼른 나와

"자네 이렇게 일찍 웬일인가?"

하고 말했습니다. 그러나 이 친구가 자기가 훔쳐 온 소 때문에 왔음을 짐작했습니다.

"우리 집 소가 자네 외양간에 와 있길래 찾으러 왔네."

이 말을 들은 뒷집 친구는 펄쩍 뛰면서, 무슨 소리를 하는 거냐고 역정을 내는 것이었습니다.

"그렇다면 들어가서 내 두 눈으로 확인을 하겠네."

"그러게. 우리 소는 어제 장에서 사 온 것일세."

두 사람은 외양간 안으로 들어갔습니다. 외양간에 매어 있는 암소는 틀림없는 앞집 사람의 소였습니다.

"여보게, 농담도 정도껏 해야잖나!"

"아니, 자네 지금 나를 소 도둑으로 몰 작정인가?"

이 일로 그렇게 친하던 두 친구는 틀어져 끝내 원님에게 송사를 하게 되었습니다.

원님은 소를 훔쳐 간 친구에게 말했습니다.

"네 말을 들어 보자. 조금이라도 거짓말을 하면 가만두지 않으리라."

그러자 소를 훔쳐 간 뒷집 친구는 자기 집의 소는 그날 장에서 사 온 것이라는 것과, 아무려면 바로 앞집의 소를 끌어 오는 멍청이가 어디 있겠느냐고 말하는 것이었습니다.

원님이 그 친구의 말을 들으니 그럴듯했습니다. 암만 멍청이라도 자기 앞집의 소를 훔쳐 오지는 않을 것이라는 생각이 들었습니다.

그래서 원님은 소 임자에게,

"너는 아무리 친구의 소가 탐이 나기로서니 그런 터무니없는 거짓말을 꾸며 대다니……. 썩 물러가거라! 너는 나를 바보로 알았느냐!"

하고 호통을 쳤습니다. 그리고는 소를 잃어버린 친구의 말은 들어 보려고도 하지 않았습니다. 그래서 결국 두 친구는 더욱 사이가 나빠졌습니다.

과연 원님의 재판은 올바른 것이었을까요?

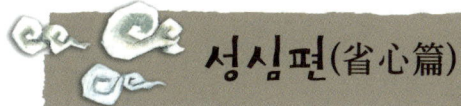

성심편(省心篇)

若聽一面設이면 便見相離別이니라.
약 청 일 면 설   변 견 상 이 별

만약 한쪽의 말만 들으면 자칫 서로의 사이가 멀어질 것이다.

6

큰 나무와 큰 사람

　나무는 사람에게 크게 유익한 식물입니다. 집을 지을 때에 필요한 재목이 바로 나무입니다. 그런가 하면, 또 나무는 땔감으로도 쓰고, 종이를 만드는 펄프의 원료로도 쓰입니다.

　그런데 이렇게 커다란 유익을 주는 나무를 큰 재목으로 키우기 위해서는 그냥 심기만 해서는 안 됩니다. 심은 나무를 잘 가꾸어야 합니다. 나무가 굵고 높게 자라기 위해서는 먼저 땅 속으로 뿌리가 튼튼하게 퍼져서 거기에 있는 영양분을 빨아들이고, 땅 위로 뻗은 줄기가 잘 버티어야 합니다.

　그리고 줄기에서는 많은 가지가 뻗어나고, 가지에서는 잎이 무성하게 피어야 좋은 기둥감으로 자라게 됩니다.

　사람도 똑같습니다. 그냥 내버려 두면 사람다운 사람으로 자라지 못합니다. 기술과 글을 가르치고, 종교와 진리를 가르치고, 예의 도덕을 몸에 익혀 주고, 큰 뜻을 길러 줌으로써 나라를 위해 큰 일을 하는 인재로 자라나게 해야 합니다.

성심편(省心篇)

景行錄에 云 木有所養이면
경행록 운 목유소양
則根本固而枝葉茂하여 棟樑之材成하고,
즉근본고이지엽무 동량지재성
水有所養이면 則泉源壯而流波長하여
수유소양 즉천원장이류파장
灌漑之利博하고, 人有所養이면
관개지리박 인유소양
則志氣大而識見明하여
즉지기대이식견명
忠義之士出이니, 可不養哉아.
충의지사출 가불양재

『경행록』에 이르기를, "나무를 잘 기르면 뿌리가 튼튼하고 가지와 잎이 무성하여 기둥과 들보감이 되고, 물을 잘 다루어 그 근원을 만들어 놓으면 물줄기가 풍성하고 길게 흘러내려 논밭에 물을 대는 이로움이 있다. 사람을 잘 기르면 성품과 정신이 뛰어나고 식견이 많아져서 충성스럽고 의로운 선비가 된다. 그러니 어찌 기르지 않을 것이냐?"라고 하였습니다.

* **동량지재(棟樑之材)** 집을 지을 때 기둥과 대들보를 만드는 큰 재목.

7 알 수 없는 사람의 마음

'열 길 물속은 알아도, 한 길 사람의 속은 모른다.'는 속담이 있습니다. 물은 아무리 깊어도 들어가서 살필 수 있지만, 겨우 한 길밖에 안 되는 사람의 속은 들어가 볼 수 없으니 알 재간이 없다는 말입니다.

고기가 아무리 깊은 물속에 있다 해도 낚시를 드리워 낚을 수 있고, 또 하늘을 날으는 기러기가 아무리 높이 떠 다닌다 해도 쏘아 맞히면 떨어질 수밖에 없습니다. 그러나 사람의 마음을 알고 짐작하는 것은 매우 어려운 일입니다.

성심편(省心篇)

*諷諫에 云 水底魚天邊雁은 高可射兮低可釣이어니와
풍간   운 수저어천변안   고가사혜저가조

惟有人心咫尺間에 咫尺人心不可料니라.
유유인심지척간　　지척인심불가료

『풍간』에 이르기를, "물속 깊숙이 있는 고기는 낚아 낼 수 있고, 하늘 높이 떠다니는 기러기는 쏘아 잡을 수 있지만, 오직 사람의 마음은 아주 가깝게 있는데도 그 가까이 있는 사람의 마음만은 살필 수가 없다." 고 하였습니다.

*풍간(諷諫) 책 이름.

畵虎畵皮難畵骨이요, 知人知面不知心이니라.
화호화피난화골　　지인지면부지심

호랑이를 그리는 화가가 겉모양은 그릴 수 있지만 뼈는 그리기 어렵고, 사람을 아는 데에는 얼굴은 알아도 마음은 알지 못한다.

*화골(畵骨) 뼈를 그리다.

對面共話하되 心隔千山이니라.
대면공화　　　심격천산

海枯면 終見底나 人死에 不知心이니라.
해고　종견저　　인사　부지심

얼굴을 맞대고 서로 이야기를 하지만 마음은 천이나 되는 산을 사이에 두고 있는 것처럼 멀리 떨어져 있다. 바다는 마르면 마침내 그 바닥을 볼 수 있으나, 사람은 죽어도 그 마음을 알지 못한다.

*해고(海枯) 바닷물이 마르는 것.

8 엉큼한 여우

고양이 두 마리가 맛있는 먹이를 놓고 서로 다투고 있었습니다.
"이건 내 거야. 내가 찾아냈단 말이야."
"아니야, 내가 먼저 봤어."
"아니야, 내 거야. 이리 내."
"못 주겠어."
두 마리의 고양이는 맛있는 먹이를 쥔 채, 서로 놓지 않으려고 하였습니다.
이때 여우가 지나가다가 걸음을 멈추고는, 고양이들 싸움에 참견을 하였습니다.
"얘들아, 대체 무슨 일로 그러느냐?"
그러자 고양이 한 마리가 말하였습니다.
"여우 아저씨, 제가 찾아낸 먹이를 얘가 가로채려고 해요."
"아니에요, 이건 제가 먼저 찾아냈어요."

다른 한 마리의 고양이도 지지 않고 나서며 말하였습니다.
그러자 여우는 엉큼하게 시치미를 떼며 말하였습니다.
"알았다, 알았어. 아저씨가 똑같이 나누어 주마. 싸우지 말고 저울을 가져오렴."
여우는 먹이를 두 토막으로 나누었습니다. 그리고 먹이를 저울에 달았습니다.
"음, 오른쪽 것이 좀 더 무겁구나."
여우는 오른쪽의 먹이를 조금 뜯어 먹었습니다.
"이번에는 왼쪽 것이 더 무겁군."
그러더니 왼쪽 것도 조금 뜯어 먹었습니다.
"아니, 오른쪽 것이 더 무거워졌네?"
그리고 오른쪽 것을 또 뜯어 먹었습니다.
"에계계, 이번엔 오른쪽 것이 너무 가벼워졌잖아?"

그리고는 왼쪽 것을 또 뜯어 먹었습니다.

여우는 저울에다 먹이를 달면서, 오른쪽 것과 왼쪽 것을 번갈아 뜯어 먹었습니다. 그런 여우의 모습을 두 마리의 고양이는 눈이 휘둥그레져서 보고만 있었습니다.

저울 위의 먹이는 점점 작아졌습니다. 마침내 여우는,

"이렇게 작아졌으니 할 수 없군. 너희들 싸울 것 없이 내가 다 먹어 치워 주마."

하고는 나머지 먹이도 냉큼 먹어 버렸습니다. 그리고는

"참 잘 먹었다. 그럼, 싸우지 말고 사이좋게 놀아라."

하며 여우는 다른 곳으로 가 버렸습니다.

그제야 두 마리의 고양이는,

"싸우지 말고 사이좋게 나누어 먹을걸 그랬어."

하고 크게 후회하였습니다.

성심편(省心篇)

不經一事면 不長一智라.
불 경 일 사   부 장 일 지

"한 가지 일을 경험하지 않으면, 한 가지 지혜가 생기지 않는다."

9 형제와 금덩이

 아마 이 세상 사람치고 황금을 마다하는 이는 없을 것입니다. 왜냐하면 황금은 곧 돈이기 때문입니다. 이 말은 사람치고 돈을 싫어하는 이가 없다는 뜻입니다.
 사람이 살아가는 데 있어서 돈은 꼭 필요한 것입니다. 하지만 그렇다고 해도 돈이 사람의 인격을 높여 주지는 못합니다. 오히려 돈 때문에 우러러 받들음을 받던 사람의 인격이 거꾸로 낮아지는 경우까지 있습니다.
 '황금은 사람의 마음을 검게 한다.' 는 우리나라 격언이 말해 주듯이 돈을 보면 웬만한 사람은 그 눈이 어두워져서, 올바른 판단력을 잃게 됩니다.

 옛날에 의가 좋기로 소문난 형제가 살았어요.
 한번은 형제가 함께 먼길을 가게 되었습니다. 그런데 다리를 건너려는데 물속에 번쩍거리는 것이 보이더랍니다. 그래서 아

우가 물속에 들어가 그것을 주워 보니 커다란 금덩이였습니다.

아우는 금덩이를 형에게 내주며,

"이건 형님이 가지십시오. 형님은 살림이 넉넉지 않은데다가 부모님을 모시고 계시니, 이것을 팔아 살림에 보태십시오."

하고 말하였습니다. 착한 아우이지요. 그러자 형은 그 금덩이를 다시 동생에게 내주며,

"아니다. 네가 나보다 더 어렵지 않으냐? 자식들은 많고, 농사거리는 적으니……."

하고 말하였습니다. 그러나 아우는 아우대로 이 금덩이를 형님

이 가지셔야 된다고 우겼습니다. 그러자 형은

"아우야, 아무래도 이 금덩이 때문에 우리의 의가 상할 것 같구나. 이것을 네가 가져도 내가 그 생각을 할 것이고, 내가 갖는다 해도 네 마음에서 이 금덩이 생각이 떠나지 않을 터이니, 이러다가는 우리 사이가 멀어질까 겁이 난다. 이 금덩이는 우리의 것이 될 수 없다. 그러니 도로 물에 버리는 것이 어떻겠느냐?"

하고 말하였습니다. 그러자 형의 말을 옳게 여긴 아우도,

"예, 형님의 말씀이 맞습니다."

하고 찬성을 하여, 형제는 금덩이를 도로 물속에 던져 버렸습니다.

이렇게 해서 형제는 가벼운 마음으로 다시 길을 떠났습니다.

그리고 며칠 후에 볼일을 다 보고 다시 돌아오는 길이었습니다. 금덩이를 주웠던 냇물의 다리 앞에 왔는데 난데없이 큰 구렁이가 앞으로 기어오는 것이었습니다. 그래서 형이 얼른 옆구리에 찼던 칼을 꺼내 구렁이를 쳐서 두 동강이를 내었습니다.

그러자 이상한 일이 일어났습니다.

두 동강으로 잘린 구렁이의 몸이 금세 금덩이로 변해 두 개의 금덩이가 되었습니다.

그러자 형제는 지난번에 이곳을 지나갈 때, 냇물에서 건졌다가 다시 버린 금덩이 생각이 떠올랐습니다.

"아, 그때 우리가 버린 금덩이를 둘로 나눠 가지라고 신령님이 하신 일이구나!"
하고 깨달은 형제는 금덩이를 한 개씩 나누어 가졌다는 이야기입니다.

이 세상에서 일어나고 있는 갖가지의 무서운 일들이 거의 대부분 황금, 즉 돈 때문에 일어나는 것입니다. 그러니 황금이라는 것은 사람에게 유익을 주기도 하지만, 한편으론 해를 끼치는 때도 많음을 알 수가 있습니다.

성심편(省心篇)

黃金千兩이 未爲貴요,
황금천량　　미위귀

得人一語가 勝千金이니라.
득인일어　　승천금

황금 천 냥이 귀한 것이 아니고, 사람의 좋은 말 한 마디 듣는 것이 천금보다 낫다.

10

돌려준 황금

집이 많지 않은 조그만 산골 마을입니다. 이 마을 사람들에게는 자랑거리가 한 가지 있었습니다.

판서 벼슬을 지낸 할아버지 한 분이 서울에서 이 마을로 내려와 살고 있었기 때문입니다. 그래서 근처의 사람들은 이 마을을 '판서 마을'이라고 불렀습니다.

이 할아버지는 할머니와 두 식구이고, 젊은 하인 부부가 판서 내외분을 돌보고 있었습니다. 얼마 안 되는 농사거리로는 네 식구가 먹고 살기에 빠듯했지만, 모자라지는 않았습니다.

왜냐하면 이 판서 할아버지는 아주 검소한 생활을 했기 때문입니다.

"애야, 너희 내외가 잘 먹고 잘 입고 사치스럽게 살 재주만 있다면, 언제든지 내 집에서 나가도 좋다."

판서 할아버지는 하인에게 이런 말을 가끔 하였습니다.

그러나 하인 내외도 할아버지의 본을 받아, 사치스럽게 살기를 바라지 않았습니다. 그런 까닭에 이 댁 식구들은 언제나 마음이 편하고 즐거웠습니다.

그런데 어느 날, 이 집에 손님이 찾아왔습니다.

갓을 쓰고 도포를 입은 젊은 선비가 하인에게 짐을 지우고는 이 집을 찾아온 것입니다.

"이리 오너라."

젊은 선비가 대문에서 부르니, 하인이 나왔습니다.

"대감님 안에 계시냐?"

"예, 나리."

"들어가 뵙자고 여쭈어라."

"예."

하인이 안으로 들어갔다가 나오더니 전했습니다.

"들어오시랍니다."

젊은 선비는 안으로 들어갔습니다.

선비를 맞으러 나온 대감 할아버지는 무척 반가운 표정으로,

"아니, 자네가 이 깊은 산골에 웬일인가?"

하고 젊은이를 방으로 맞아들였습니다.

잠시 후 대감은 젊은이에게서 큰절을 받고 나서 인사의 말을 하였습니다.

"도대체 무슨 일로 이 산골까지 나를 찾아왔단 말인가?"

"예……."

"그래, 아버님도 안녕하신가?"

"예."

선비는 대감이 벼슬자리에 있을 때, 억울한 죄를 뒤집어쓰고 하마터면 죽을 뻔했던 사람의 아들이었습니다.

그래서 선비의 아버지는, 대감이 산골에서 가난하게 산다는 소식을 듣고 아들을 보냈던 것입니다.

"사실은 대감님을 찾아뵙고 오라는 아버님의 분부가 계셔서 왔사옵니다."

"그랬군."

젊은 선비는 하인이 지고 온 보따리를 대감 앞에서 펴며 말했습니다.

"변변치 못한 것이오나 대감께 드리고 오라는 아버님의 분부였사옵니다."

"그게 뭔가?"

보따리 속에 있는 것은 하얀 비단으로 싼 금덩어리였습니다.

"아니, 그건 황금이 아닌가?"

"예, 아버님께서 그동안 하시는 장사가 잘 되어 전날의 은혜를 갚으시겠다 하시며 제 편에 보내셨사옵니다."

"이럴 수가 있나."

"대감이 아니셨다면 목숨을 보존할 수 없었으니, 이렇게 된 것이 다 대감의 은덕이라며 지금까지 은혜를 잊지 못하시옵

니다."
"알겠네. 하지만 난 이 황금을 받지 못하겠네."
"어인 까닭이시옵니까?"
"난 지금 여기서 사는 데 조금도 불편한 것이 없네. 농사를 짓고 있으니 먹고 살아가는 데 부족한 것이 있겠나? 오히려 황금이 생기면 내 마음이 평안하지 못할 것이고, 근심이 생겨 즐거움을 잃어버릴까 두렵네."
"그러하오나, 몹시 고생을 하신다는 소문이어서……."
"고생이라니? 비록 쌀밥은 아니지만 보리밥 세 끼를 거르지 않고 먹을 수 있으니 마음이 편하고, 무명옷이지만 따뜻하게 해 입으니 생활이 즐겁다네."

"하오나……."

"아닐세, 내가 이 황금을 받으면 내 마음이 변할 것일세. 지금 살고 있는 이 오막살이를 좋은 집으로 바꿔 짓고 싶어질 것일세. 또, 지금은 달게 먹는 보리밥 대신에 쌀밥이 먹고 싶어질 것이 아닌가?"

"……."

"지금은 나물도 맛있게 먹고 있는데, 돈이 생기면 고기를 먹으려 들 터이니 내 마음의 평화가 흔들린단 말일세. 그리고 자꾸 욕심이 늘어날 터이니, 즐거움을 누릴 수 없을 걸세. 그런 까닭에 이것을 받지 않겠네."

이리하여 대감 할아버지는 그 황금을 도로 돌려 보냈습니다.

성심편(省心篇)

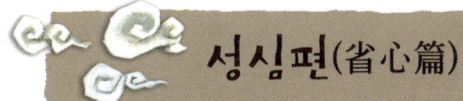

黃金이 未是貴요 安樂이 值錢多니라.
황금 미시귀   안락   치전다

황금이 귀한 것이 아니요, 평안과 즐거움이 더욱 값진 것이다.

* **치전(值錢)** 값어치.

나귀와 염소

    씨를 뿌리면 싹이 나고, 씨를 심지 않으면 싹이 날 수 없습니다. 이처럼 세상의 모든 일에는 반드시 원인과 결과가 있게 마련입니다.
    다른 사람이 나를 미워하는 까닭은 내가 그에게 미움받을 만한 일을 했기 때문입니다. 그런 까닭이 없는데도 나를 미워한다면 그 사람은 올바른 정신을 지니고 있는 사람이 아닙니다.
    사람은 누구나 자기의 잘못을 얼른 깨닫지 못하는 단점을 가지고 있습니다. 그렇기 때문에 다른 사람이 나를 원망하게 된 원인을 생각해 보기 전에, 그저 분한 생각만으로 남을 원망하고 미워하기 쉽습니다.

    나귀와 염소를 기르는 집이 있었습니다. 나귀는 주인의 짐을 날라 주고 연자방아도 찧고, 어쩌다 주인을 태우고 먼길을 가기도 하며 힘든 일을 많이 했습니다.

이에 비해 염소는 늘 놀면서 풀이나 뜯어 먹는 것이 고작이었습니다. 이런 처지에 있으니 만약 서로 미워한다면 나귀가 일은 하지 않고 놀고 먹는 염소를 미워해야 할 일입니다. 그러나 사실은 그와 반대였습니다.

염소는 나귀를 볼 때마다 마음이 편치 않았습니다.

'저 놈은 나보다 먹이도 많이 먹는단 말이야! 저 녀석이 없어진다면, 주인은 저 녀석 몫까지 나에게 줄 것이니 배부르게 먹을 수 있을 거야.'

하고 염소는 엉뚱한 생각을 했습니다.

그러던 어느 날 염소는 꾀를 내어 나귀에게 말했습니다.

"여보게, 자네는 참 보기에 안됐군. 날이면 날마다 잠시도 쉴 새 없이 주인의 심부름만 하고 있으니 말일세. 연자맷돌을 돌려야 하고, 무거운 짐을 실어 날라야 하고, 어떤 때에는 주인을 태우고 먼길을 갔다 와야 하니……. 정말이지 함께 사는 나로서는 자네가 딱해서 볼 수가 없군."

하지만 나귀는 아무 대꾸도 하지 않는 것이었습니다. 그래도 염소는 계속해서 나귀에게 말했습니다.

"여보게, 내가 그럴싸한 방법을 가르쳐 줄까? 자네가 병든 것처럼 하고 개천에 빠져 보게. 그러면 주인은 자네가 지친 줄 알고, 쉬게 해 줄 걸세."

이렇게 말은 하였지만, 사실 염소는 자기 말을 곧이 듣고 나

귀가 개천에 빠지면 주인은 부려 먹지 못할 만큼 쇠약해진 것이라고 생각하여 나귀를 처치할 것이라 믿었던 것입니다.

그런데 나귀도 염소의 말이 그럴듯하게 생각되어, 어느 날 주인과 함께 짐을 싣고 가다가 일부러 개천에 빠졌습니다.

주인은 깜짝 놀라 나귀를 끌어다가 집 안에 매어 놓고, 의사를 불렀습니다.

나귀의 몸뚱이에는 몇 군데 살이 벗겨져 상처가 났습니다.

의사는 여기저기를 진찰하고 나서 말했습니다.

"별로 걱정할 것은 없습니다. 이 상처난 곳에 염소의 피를 바르면 곧 나을 것입니다."

그때 곁에서 이 말을 들은 염소는,

'아차! 내가 쓸데없는 꾀를 부리다가 이 꼴이 되었구나.'

하고 울상이 되었습니다. 잠시 후 주인은 염소의 몸에 상처를 내고, 흐르는 피를 나귀의 상처에 발랐습니다.

염소는 자기 꾀에 속은 것이 분하여 어쩔 줄 몰라 했습니다.

성심편(省心篇)

*梓潼帝君垂訓에 曰 害人人害를 汝休嗔하라.
재동제군수훈 왈 해인인해 여휴진

天地自然皆有報하니 遠在兒孫近在身이니라.
천지자연개유보   원재아손근재신

재동제군이 훈계를 내려 말하기를, "(내가) 남을 해치고서 남이 (나를) 해치는 것을 화내지 말라. 세상의 모든 일에는 저절로 다 갚음이 있는 법이니, 멀리는 자손에게 미치고, 가까이는 자기 몸에 와 닿는다."고 하였습니다.

***재동제군(梓潼帝君)** 도교(道敎)의 인물인 듯하나 미상(未詳).

12
옥을 찾아 떠난 소년

　이 세상에는 사람들로부터 사랑받는 보배가 여러 가지 있습니다. 금은보화가 다 보배로서 소중히 여겨지는 것들입니다. 그리고 이와 같은 것들은 크면 클수록 더욱 값이 나가기 때문에 큰 것일수록 좋습니다.
　그런데 이와 같은 것들은 사람들의 눈으로 볼 수 있는 보화이지만, 잘 보이지 않는 것 중에서도 더 귀중한 보화가 많습니다.

　한 소년이 길을 떠났습니다. 이 세상에서 가장 큰 옥을 찾아 나선 것입니다. 소년은 해가 뜨는 동쪽으로 자꾸 가면 마침내 그 큰 옥을 얻을 수 있다고 믿었습니다.
　그 옥은 세상에 하나밖에 없기 때문에, 그 옥만 찾게 되면 이 세상에서 가장 큰 부자가 될 수 있다고 생각했습니다.
　소년은 부지런히 동쪽을 향해 걸어갔습니다. 산을 넘고, 강을 건넜습니다. 가다가 밤이 되면 마을로 들어가 하룻밤을 묵고 다음날 새벽에 다시 길을 떠났습니다.

어느덧 봄이 가고 여름이 지났습니다. 그리고 가을이 되고 겨울이 되었습니다. 집을 떠난 지 1년이 지났습니다.

그렇지만 옥이 있다는 곳까지는 까마득했습니다.

"애야, 가지 말고 여기서 나랑 함께 살자."

하고 말하는 할머니도 계셨지만, 소년은 옥을 찾기 위해 날마다 부지런히 걸었습니다.

2년이 지나고 3년이 지났습니다. 5년이 지나고 10년이 지나도록 소년은 계속 걸었습니다. 그래도 옥이 있는 곳까지는 아직도 멀고 멀었습니다.

소년은 어느덧 청년이 되었습니다. 청년이 된 다음에도 계속 보물이 있다는 동쪽을 향해 길을 걸었습니다.

20년이 지나고, 30년이 지났습니다. 청년은 마침내 장년이 되었습니다. 그러다가 금세 노인이 되었습니다. 이제 기운이 없어서 더 걸을 수 없을 만큼 늙어 버렸습니다.

"이제는 더 못 걷겠구나."

하고 노인은 그 자리에 주저앉아 버렸습니다. 그리고 너무나 지친 나머지 쓰러져 스르르 잠이 들었는데, 꿈을 꾸었습니다.

공중에서 소리가 들렸습니다.

"네가 찾고 있는 옥은 바로 네가 지금 누워 있는 땅 밑에 있느니라."

이 말에 노인은 잠에서 깨어 벌떡 일어났습니다.

그리고는 있는 힘을 다해 누웠던 자리를 팠습니다. 그런데 정말 얼마 깊이 파지 않았는데 딱딱한 것이 나왔습니다.

"아니, 이렇게 큰 옥이 있다니!"

그것은 굉장히 큰 옥이었습니다. 아름답게 빛나는 아주 값진 옥이었습니다.

"이젠 나도 이 세상에서 가장 큰 부자가 되었구나!"

노인은 기뻐 어쩔 줄을 몰랐습니다.

그런데 한 가지 문제가 있었습니다. 이제 노인은 너무 늙어서 이 커다란 옥을 가지고 돌아갈 만한 기운이 남아 있지 않았던 것입니다.

　노인은 그곳에서 단 10리도 걸어갈 기운이 없을 만큼 늙어 버렸습니다. 이제는 죽음을 기다릴 수밖에 없었습니다.

　노인은 헛되이 보낸 시간이 너무나 아까웠습니다. 그 옥으로도 지나간 시간을 다시 찾을 수는 없었기 때문입니다.

　이 노인이 찾은 옥이 과연 보배 구실을 해 주었을까요?

성심편(省心篇)

尺璧非寶요 寸陰是競이니라.
척벽비보　　촌음시경

한 자나 되는 둥근 옥이 보배가 아니다. 아주 짧은 시간을 아껴라.

*　**척벽(尺璧)** 한 자나 되는 구슬.
*　**시경(是競)** 이를 다투어라(아끼라는 뜻).

파리의 죽음

어느 날, 쥐 한 마리가 부엌에서 먹을 것을 찾다가 선반 위에 있는 꿀항아리를 떨어뜨렸습니다.

"퉁탕, 쨍그렁!"

꿀항아리는 요란한 소리를 내며 깨졌습니다. 그러자 그 소리에 깜짝 놀란 쥐는 뒤도 돌아보지 않고 밖으로 도망쳐 버렸습니다.

깨진 항아리에서는 꿀이 밖으로 흘러나와 달콤한 냄새를 풍기기 시작했습니다.

"아아, 이게 무슨 냄새지?"

파리들은 앵앵 소리를 내며, 냄새가 나는 곳으로 모여들었습니다.

"꿀이로구나! 이게 어디서 나왔지?"

"조금 전에 요란한 소리가 나면서 쥐가 도망치는 걸 봤어. 그 쥐가 이 꿀항아리를 깨뜨리고 그냥 갔나 봐."

"응, 맞아. 나도 봤어."

"아, 맛이 정말 기가 막히는걸!"

"어서 실컷 먹어 두자."

꿀항아리 주위로 몰려든 수많은 파리들은 난데없이 쏟아진 꿀을 마음껏 먹었습니다.

그리고 잠시 후 배가 터지도록 꿀을 먹고 난 파리들은 다시 날아가려고 하였습니다.

그런데 이게 어찌 된 일일까요? 발이 꿀에서 떨어지지를 않는 것이었습니다.

"어, 이게 웬일이지?"

"발이 꿀에 달라붙어서 꼼짝도 하지 않네!"

파리들은 몸부림을 치면서 꿀에서 빠져나오려고 애를 썼습니다. 그러나 그럴수록 발은 더 꿀 속으로 빠져 들어갔습니다.

파리들은 야단이 났습니다. 꿀에서 빠져나가려고 정신없이 날개를 버둥거렸으나, 결국 날개마저 꿀에 찰싹 달라붙고 말았습니다.

이제는 파리들도 어떻게 할 수가 없었습니다.

"이젠 다 틀렸어. 아, 이제 우린 모두 죽게 되었구나. 우리가 바보야. 달고 맛있다고 마냥 좋아서는……."

파리들은 모두 가슴을 치며 후회하였지만, 이젠 아무 소용없는 일이었습니다.

그런데 바로 그때였습니다.

"이게 다 너 때문이야! 네가 꿀이 너무 맛있다고 호들갑을 떠는 바람에 나까지 꿀을 먹은 거라고!"

"무슨 소리야? 달콤한 꿀 냄새가 난다며 같이 가 보자고 한 게 누군데? 이 모든 게 너 때문이라고!"

깊이 절망하던 파리들은 어느새 서로를 탓하며 원망하기 시작했습니다.

성심편(省心篇)

性理書에 云 接物之要는
성리서　운 접물지요

己所不欲을 勿施於人하고,
기소불욕　　물시어인

行有不得이어든 反求諸己니라.
행유부득　　　　반구제기

『성리서』에 이르기를, "남을 대하는 순리는 자기가 하기 싫은 것은 남에게 시키지 말고, 그렇게 행동하여도 얻는 것이 없으면 반성하여 자기 자신에게서 그 원인을 찾아보는 것이다."고 하였습니다.

7장 행동을 살피는 생활

1. 5월에 구한 홍시
2. 황 정승의 양털 바지
3. 다섯 가지의 가르침(오륜)
4. 세 가지 모범(삼강)
5. 지켜야 할 열네 가지의 길
6. 열 가지 도둑
7. 세 가지의 없어짐
8. 입과 말

1

5월에 구한 홍시

　효성이 지극한 도씨라는 사람이 있었습니다. 집안 형편이 어려웠으나 숯을 팔아서라도 고기를 샀기 때문에 어머니 밥상에는 고기가 떨어지는 날이 없었습니다.
　어느 날, 도씨가 장에 갔다 늦어서 바삐 돌아오는데, 솔개 한 마리가 나타나더니 도씨의 손에 있던 고기를 채 가 버렸습니다. 그런데 도씨가 울면서 집으로 돌아와 보니 솔개가 마당에 고기를 떨어뜨려 놓고 간 게 아닙니까.
　하루는 어머니가 병환 중에 가을철도 아닌데 홍시를 찾으셔서 도씨는 감나무 밭에서 해가 지는 줄도 모르고 헤매었습니다. 그런데 갑자기 호랑이 한 마리가 나타나더니 도씨의 앞길을 막고는 타라는 시늉을 하는 것이었습니다.
　도씨는 호랑이를 타고 100리 길을 가서 산골짜기에 있는 어떤 사람의 집에 찾아 들어가 하룻밤을 지내게 되었습니다. 그런데 얼마 후 그 집 주인이 제삿밥을 가지고 들어오는데, 상 위

에 홍시가 놓여 있는 것이었습니다.

　도씨는 이것을 보고 기뻐하면서 홍시의 내력을 묻고 또 자기가 여기까지 오게 된 이야기를 하니 그 집 주인이 대답하기를,

　"돌아가신 아버님께서 홍시를 좋아하셔서 가을철마다 홍시 200개를 좋은 것으로 골라서 땅속 깊은 굴속에 저장해 두면 5월 이맘때쯤이면 성한 것이 보통 7, 8개 정도인데, 금년에는 성한 것이 50개나 되어 마음속으로 이상하게 생각했지요. 그런데 바로 하늘이 당신의 효성에 감동한 것이었군요."
하면서 도씨에게 홍시 20개를 주는 것이었습니다.

　도씨가 감사하다는 인사를 하고 문 밖을 나오니 그때까지 호랑이는 그 집 문 앞에 엎드려 도씨를 기다리고 있었습니다. 호랑이를 타고 집에 오니 새벽닭이 우는 시간이었습니다.

그 후 어머니가 하늘의 운명으로 돌아가시자 도씨는 피눈물을 흘렸습니다.

입교편(立敎篇) - 생활 실천의 요점

子曰 立身有義而孝爲本이요,
자 왈 입신유의이효위본

喪祀有禮而哀爲本이요,
상사유례이애위본

戰陣有列而勇爲本이요, 治政有理而農爲本이요,
전진유열이용위본　　　치정유리이농위본

*居國有道而嗣爲本이요, 生財有時而力爲本이니라.
거국유도이사위본　　　생재유시이력위본

공자가 말하기를, "사람이 출세하는 데에는 올바른 도리가 있으니 효도가 그 근본이요, 장례와 제사에는 예의가 있으니 슬픔이 그 근본이요, 전쟁에는 질서가 있으니 용맹이 그 근본이요, 정치에는 나라를 다스리는 이치가 있으니 농사가 그 근본이요, 국가를 보존하는 데는 도가 있으니 계승하여 후사를 잘 이음이 그 근본이요, 재물을 얻는 데는 시기가 있으니 노력이 그 근본이 되는 것이다."라고 하였습니다.

*거국(居國) 나라를 지키는 일.

2 황 정승의 양털 바지

　세종 임금 때, 영의정을 지낸 황희는 조금도 부정을 용서하지 않는 사람이었습니다. 그러니 나라에서 주는 녹봉 외에는 절대로 재물을 탐내지 않는 대신으로 이름이 나 있었습니다. 또한 그는 나라 안의 모든 벼슬아치들에게도 이를 엄하게 지키게 했습니다. 바로 이때의 일이었습니다.
　하루는 아침에 조례 때가 되어, 높은 벼슬아치들이 대궐 안 임금 앞에 모였습니다. 그런데 가장 높은 황희 정승이 맨 앞에 서 있는데, 그가 입은 예복 아래로 보이는 바지가 이상스러웠습니다. 바지는 바진데, 여느 바지와 달랐습니다.
　임금은 그 바지를 눈여겨보아 두었다가 어느 대신에게 농담 삼아 물었습니다.
　"경은 황 정승이 입은 바지를 보았소?"
　황 정승은 그 바지를 이틀 동안이나 계속해서 입고 대궐로 들어왔기 때문에 조례 때마다 임금 앞에 나오는 대신들은 모두 그 바지를 보았습니다.

"예, 전하. 소신도 보았습니다."

"그게 도대체 무엇으로 지어 입은 바지란 말이오?"

"자세히는 모르겠사오나, 얼른 보기에 양털 가죽으로 지어 입은 바지인 듯하옵니다."

이 말에 임금은 놀라는 기색으로 다시 물었습니다.

"아니, 우리나라에서도 흔치 않은 양털 가죽으로 말이오?"

"예. 양털 가죽이라면 명나라에서나 구할 수 있는 것인 줄 아옵니다."

임금은 그 대답이 마음에 거슬렸습니다. 사실 자신도 양털 가죽으로 지은 바지를 입어 본 일이 없는데, 영의정이 그런 귀한 것으로 바지를 지어 입다니…….

임금은 그 말이 믿어지지가 않았습니다. 곧기로 이름난 황정승인데……, 부정한 재물이라면 달걀 한 꾸러미도 받지 않는다고 소문이 난 사람인데…….

임금은 생각할수록 의심스러웠습니다.

"황희가 그렇게 사치스러운 옷을 입을 까닭이 있겠소?"

"예, 옳으신 말씀이옵니다. 그러하오니 한번 불러서 알아보심이 어떠하올는지요."

"허허……."

임금은 웃음으로 넘겨 버렸습니다. 그러나 그 일에 대한 생

각은 좀처럼 사라지지 않았습니다.

그런데 그 다음날에도 황 정승은 조례 때 똑같은 바지를 입고 대궐에 들어왔습니다.

'옳지, 내가 한번 물어보리라.'

임금은 그날 저녁 때, 대신들이 다 대궐에서 나간 다음 황 정승만을 은밀히 불렀습니다.

황 정승은 임금 앞에 나와 무릎을 꿇고 대령했습니다.

"허허, 짐이 경을 남으란 것은 딴 뜻이 있어서 그런 것이 아니니, 너무 마음을 졸이지 마시오."

"성은이 망극하옵니다."

"경이 사흘째 계속 입고 있는 바지가 처음 보는 것이기에 궁금해서 부른 것이오."

이 말에 황 정승은 더욱 읊조리며,

"전하, 아뢰옵기 부끄러운 일이옵니다."

하고 말하는 것이었습니다.

그가 입은 바지는 물론 양털 가죽이 아니었습니다. 사실 영의정쯤 되다 보니 그는 집 안에서 부리는 하인들도 많고, 드나드는 손님도 끊이지 않았습니다. 그런데 뇌물을 모르는 그인지라 나라에서 받는 녹봉만으로 이런 큰 살림을 꾸려 나가다 보니 가난을 면할 도리가 없었던 것입니다.

그렇다 보니 그는 입고 출입하는 바지저고리가 한 벌밖에 없었습니다. 게다가 더러워진 바지를 빨게 되면 입고 나갈 옷이 없었습니다. 그래서 생각한 한 가지 방법으로 먼저 바지 껍데기를 뜯어서 빨고, 그것이 마르는 동안 거죽이 없는 바지를 입고 대궐로 들어왔던 것인데, 그것이 마치 양털처럼 보인 것은 솜바지에 둔 솜이 뭉글뭉글해졌기 때문이었습니다.

이 말을 다 아뢰고 난 황 정승을 물끄러미 바라보는 임금의 두 눈에는 눈물이 핑 돌았습니다.

"외출옷이 두어 벌은 있어야 하지 않겠소. 허허……."

하고 임금은 황희 정승에게 비단과 솜을 상으로 내리었습니다.

그런데 이 댁에는 황 정승만 그런 것이 아니었습니다. 황 정승의 부인과 그 며느리도 나들이옷이 한 벌뿐이어서 번갈아 가며 입었던 것입니다.

옛말에 '윗물이 맑아야 아랫물이 맑다.'는 말이 있듯이 한 나라의 가장 으뜸가는 성승이 이렇듯 깨끗했으니, 그 아래의 벼슬아치들도 따라서 깨끗하였을 것은 당연한 일입니다.

그러니 그 시대의 백성들이 얼마나 평화스럽게 살 수 있었겠습니까!

입교편(立敎篇)

景行錄에 云 *爲政之要는 曰公與淸이요,
경행록   운 위정지요   왈공여청

成家之道는 曰儉與勤이니라.
성가지도   왈검여근

『경행록』에 이르기를, "정치를 하는 데 긴요한 것은 공평하고 사사로운 욕심이 없이 깨끗이 하는 것이요, 집안을 일으키는 길은 낭비하지 아니하고 부지런한 것이다."고 하였습니다.

＊**위정(爲政)** 정치를 하는 것.

3 다섯 가지의 가르침(오륜)

이 사회는 아버지와 아들, 임금과 신하, 남편과 아내, 어른과 어린이, 친구와 친구 사이로 이루어져 있습니다.

이와 같은 사이에서 서로가 지켜야 할 다섯 가지의 예의를 '오륜'이라고 합니다.

첫째로, 이 세상에서 가장 친한 사이는 아버지와 아들입니다. 이 관계는 끊을래야 끊을 수 없는 관계입니다.

아버지는 자식을 낳아 기르는 데 있어서 얼마나 큰 희생을 바치는지 모릅니다. 이 큰 사랑에 보답하기 위해 자식은 아버지에게 효도하는 것입니다. 그런데 너무나 안타깝게도 세상에는 이 아버지의 은혜를 효도로 갚지 않는 자식들이 많습니다.

둘째로는 임금과 신하와의 관계인데, 임금은 신하를 사랑하고 감싸 주며, 신하는 임금에게 충성을 다해야 합니다. 이 관계는 국민과 나라와의 관계로 비유될 수 있습니다.

나라는 국민의 생명과 재산을 지켜 주어야 하고, 국민은 이

와 같은 나라의 사명이 잘 이루어지도록 국민으로서 지켜야 할 의무를 충성스럽게 다해야 합니다.

셋째는 부부 사이입니다. 남편과 아내의 사이는 남남으로서 만난 경우 중에 가장 친한 사이입니다. 이 부부 사이에도 분명히 지켜야 할 도리가 있어야 하는데, 남편은 남편으로서의 의무가 있고, 해야 할 많은 일이 있습니다.

아내 또한 아내로서의 의무가 있고 해야 할 일이 있는데, 이와 같은 것들을 분별 있게 잘해 나가는 가정은 화목하고 발전

합니다.

넷째로, 어른과 어린이 사이의 관계입니다. 이 사이에는 차례가 있는 법입니다. 어른을 공경하고 그 가르침에 따르는 것은 어린이로서 마땅히 해야 할 도리입니다. 또, 어른은 어린이를 보살펴 주고 이끌어 줄 의무가 있습니다.

다섯째로, 친구와 친구 사이에는 믿음이 있어야 합니다. 서로 믿는 사이가 바로 친구인데, 어떤 경우에는 친구를 위하여 목숨도 기꺼이 바칩니다.

입교편(立敎篇)

性理書에 云 五敎之目은 父子有親하며 君臣有義하며
성리서　운 오교지목　부자유친　　군신유의

夫婦有別하며 長幼有序하며 朋友有信이니라.
부부유별　　장유유서　　　붕우유신

『성리서』에 이르기를, "다섯 가지 가르침의 조목은 아버지와 자식 사이에는 서로 친함이 있어야 하며, 임금과 신하 사이에는 의리가 있어야 하며, 남편과 아내 사이에는 분별이 있어야 하며, 어른과 어린이 사이에는 차례가 있어야 하며, 친구 사이에는 믿음이 있어야 한다."고 하였습니다.

＊**목(目)** 조목(條目).

4 세 가지 모범(삼강)

아버지와 자식 사이가 잘 이루어지려면 아버지가 자식에게 모범이 되어야 합니다. 아버지가 효성스러운 사람이었다면 그의 아들도 아버지에게서 효도하는 법을 보고 배워 효자가 될 것입니다.

게는 옆으로만 걸어갑니다. 어느 날, 새끼 게가 걸어가는 것을 보고 어미 게가 생각했습니다.
'아니, 저 애가 왜 옆으로 걸어갈까?'
어미 게는 아무리 봐도 새끼 게가 옆으로 걷는 모습이 보기 싫었습니다. 앞으로 걷는 것이 옳다고 생각한 어미 게는,
"애야, 아가야……."
하고 마침내 새끼 게를 불렀습니다.
"왜요, 엄마?"
"넌 왜 똑바로 앞을 향해 걷지 않고 옆으로 걷니?"

그러자 어미 게의 이 말에 새끼 게는,
"엄마는 어떻게 걷는데요?"
하고 되물었습니다.
"엄마는 당연히 앞으로 똑바로 걷지!"
"아니에요, 난 엄마를 보고 걷는 건데……."
"그렇다면 엄마처럼 똑바로 앞으로 걸어야지!"
"아이참, 엄만! 엄마도 옆으로 걷는걸요……."
"아, 아닌데……."
"그럼 어디 한번 걸어 보세요."
"그래."
하고 어미 게는 새끼 게가 보는 앞에서 걸었습니다.

과연 어미 게는 어떻게 걸었을까요? 이처럼 자식은 부모가 하는 대로 닮는 법입니다. 그러니 부모가 자식에게 모범을 보이려면 모든 일에 삼가고 조심해야 합니다.
또한 부부 사이에서도 남편은 아내 앞에서 말이나 행동을 올바르게 하여 아내의 모범이 되어야 합니다. 그래야 그의 아내가 보고 남편을 존경하는 마음을 갖고 그를 따르며, 자신도 아내의 도리를 다하게 됩니다.

임금과 신하의 관계에서도 마찬가지입니다. 임금은 몸가짐과 모든 행동에 있어서 신하의 모범이 되어야 합니다.

이와 같이 임금과 신하, 아버지와 자식, 부부 사이의 모범이 되는 것을 '삼강' 이라고 합니다.

입교편(立敎篇)

三*綱은 君爲臣綱이요, 父爲子綱이요,
삼 강   군 위 신 강   부 위 자 강

夫爲婦綱이니라.
부 위 부 강

삼강이란 것은 임금은 신하의 본이 되고, 아버지는 자식의 본이 되고, 남편은 아내의 본이 되는 것이다.

＊강(綱) 모범(본)이라는 뜻.

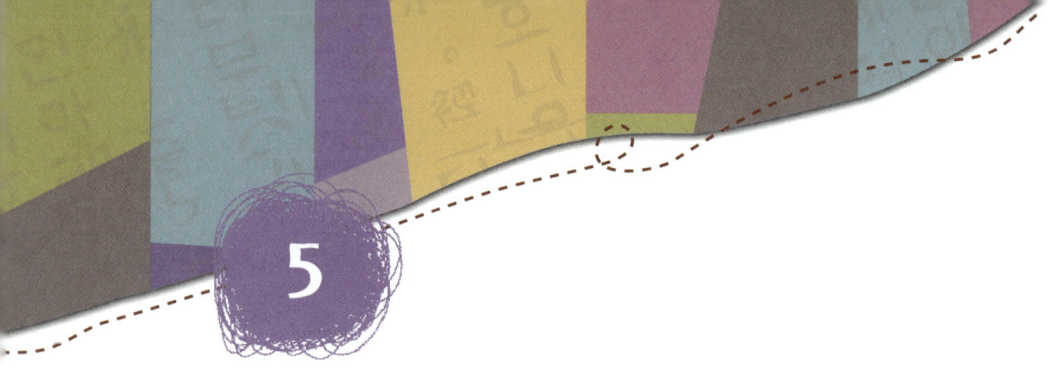

5 지켜야 할 열네 가지의 길

처음 만난 사람이라도 그의 말이나 행동을 보면, 그 사람의 됨됨이를 알 수 있습니다.

글씨를 보면, 그 글씨를 쓴 주인공이 어떤 사람인가도 짐작할 수 있습니다. 얼굴의 모습, 입은 옷, 머리에 쓴 모자, 그리고 걸음걸이를 보아도 그 사람의 됨됨이를 짐작할 수 있습니다.

옛날 중국 '북송'이란 나라의 학자였던 장사숙이란 분은 자기가 꼭 지켜야 할 열네 가지 일을 정해 놓고 이에 힘썼습니다.

입교편(立教篇)

張思叔 座右銘에 曰 凡語를 必忠信하며
장 사 숙 좌 우 명   왈 범 어   필 충 신
凡行을 必篤敬하며 飮食을 必愼節하라.
범 행   필 독 경   음 식   필 신 절

장사숙은 좌우명에서 말하기를, "① 말은 반드시 정성스럽고 참되게 하고, ② 행실은 반드시 진실하며 예절바르게 해야 하고, ③ 음식은 욕심 부리지 않고 알맞게 먹어야 한다.

* **장사숙(張思叔)** 중국 북송(北宋) 때 학자.
* **좌우명(座右銘)** 자리 옆에 써 놓고 항상 보면서 반성의 재료로 삼는 격언(格言).
* **신절(愼節)** 알맞도록 삼가는 것.

字劃을 必楷正하며 容貌를 必端莊하며
자 획   필 해 정   용 모   필 단 장
衣冠을 必整肅하라.
의 관   필 정 숙

④ 글씨는 반드시 똑똑하고 바르게 쓰며, ⑤ 용모는 반드시 단정하고 엄숙히 하며, ⑥ 의관은 반드시 바르게 입고 써야 한다.

步履를 必安詳하며 居處를 必正靜하며
보 리   필 안 상   거 처   필 정 정
作事를 必謀始하라.
작 사   필 모 시

⑦ 걸음걸이는 반드시 안정되고 똑바로 걸으며, ⑧ 사는 곳은 반드시 바르고 정숙하게 하며, ⑨ 일은 반드시 계획을 세워 시작하라.

出言을 必顧行하며 常德을 必固持하며
출 언   필 고 행   상 덕   필 고 지

211

> 然諾을 必重應하라.
> 연낙　　필중응

⑩ 말을 입 밖에 낼 때에는 그것을 실행할 수 있을지 어떨지를 살펴보고, ⑪ 일상 덕을 굳게 가지며, ⑫ 승낙은 신중히 생각해서 응하라.

> 見善如己出하며 見惡如己病하라.
> 견선여기출　　　견악여기병
> 凡此十四者는 皆我未深省이라.
> 범차십사자　　개아미심성
> 書此常座右하여 朝夕視爲警하노라.
> 서차상좌우　　　조석시위경

⑬ 착함을 보거든 내가 행한 것같이 여기며, ⑭ 악을 보거든 나의 병인 것같이 하라. 이 열네 가지는 모두 내가 아직 깊이 깨닫지 못한 것이다. 이를 자기의 오른편에 써 붙여 놓고 아침 저녁으로 보고 삼갈 것이다."고 하였습니다.

6 열 가지 도둑

　도둑이란 반드시 남의 물건을 훔쳐 가는 것만을 가리키는 것은 아닙니다.
　가령, 내가 오늘 아침 일찍 다섯 시에는 일어나야 할 일이 있는데, 그만 늦잠 자느라고 다섯 시에 일어나지 못해서 계획했던 일을 못했을 경우, 늦잠은 도둑입니다.
　서울역에서 열 시 정각에 출발하는 부산행 특급 열차를 타려고 표를 샀는데, 여행 준비를 미리 해 놓지 못해서 이것들을 챙기느라 시간이 걸려 서울역에 막 도착하고 보니, 3분 전에 기차는 이미 떠나 버려 타지 못했다고 합시다. 기차를 못 타게 한 게으름이 바로 도둑입니다.
　이와 같이 갖가지로 우리의 생활을 올바르게 해 나가지 못하게 방해하는 도둑들을 다 몰아내는 일이 우리의 생활을 알차게 하는 비결입니다.
　옛 중국 주나라의 무왕이 강태공과 주고받은 말 가운데, 태공은 집집마다 열 가지 도둑이 있다고 말했습니다.

입교편(立敎篇)

*武王이 問太公 曰 人居世上에
무왕   문태공 왈 인거세상
何得貴賤貧富不等고 願聞說之하여 *欲知是矣로다.
하득귀천빈부부등   원문설지   욕지시 의
太公이 曰 富貴는 如聖人之德하여 皆由天命이어니와
태공   왈 부귀   여성인지덕   개유천명
富者는 用之有節하고 不富者는 家有十盜니라.
부자   용지유절   불부자   가유십도

무왕이 태공에게 물었습니다.
"사람이 세상을 살아감에 어째서 귀하고 천함, 가난과 부함이 같지 않은지 설명을 들어 알기를 원합니다."
태공이 다음과 같이 대답하였습니다.
"부귀는 성인의 덕과 같아서 다 천명에 말미암거니와 부자는 쓰는 데 절제가 있고, 부유하지 못한 이는 집에 열 가지 도둑이 있기 때문입니다."

* 무왕(武王) 문왕의 아들. 강태공을 스승으로 받들었다.
* 욕지시(欲知是) 이를 알고자 한다.

武王이 曰 何謂十盜닛고.
무왕   왈 하위십도

214

太公이 曰 *時熟不收가 爲一盜요.
　　　태공　왈　시숙불수　　위일도

무왕이 물었습니다.

"무엇을 가리켜 열 도둑이라 합니까?"

태공이 말하기를,

"철을 맞아 익은 곡식을 거둬들이지 않는 것이 첫째 도둑이요."

* **시숙(時熟)** 제철에 익은 것.

　　　*收積不了가 爲二盜요.
　　　수적불료　　위이도

"거둬들이고 쌓는 것을 끝내지 않은 것이 둘째의 도둑이요."

* **불료(不了)** 끝내지 않은 것.

　　　無事*燃燈寢睡가 爲三盜요.
　　　무사연등침수　　위삼도

"일 없이 등불을 켜 놓고 잠자는 것이 셋째의 도둑이요."

* **연등(燃燈)** 등불을 켜는 것.

　　　*慵懶不耕이 爲四盜요…….
　　　용나불경　　위사도

"게을러서 밭 갈지 않는 것이 넷째의 도둑이요……."

* **용나(慵懶)** 게으른 것.

7

세 가지의 없어짐

흔히 사람들은 눈에 띄는 일에는 마음을 쓰면서도 눈이 잘 미치지 않는 일에 대해서는 별로 신경을 쓰지 않습니다. 그래서 만 원은 큰 돈으로 알면서도 십 원은 가볍게 여기는 사람이 많습니다. 그러나 이와 같은 태도는 크게 잘못된 것으로, 만 원도 백만 원도 처음에는 일 원부터 시작되어 모이는 것임을 알아야 합니다.

'티끌 모아 태산'이라는 말이 있듯이, 적다고 우습게 보고 많다고 소중히 여기는 버릇은 아주 좋지 않습니다. '천릿길도 한 걸음부터'라는 말도 같은 가르침을 주는 말입니다.

입교편(立敎篇)

武王이 曰 家無十盜而不富者는 何如닛고.
무왕 왈 가무십도이불부자 하여

太公이 曰 人家에 必有三耗니이다.
태공 왈 인가 필유삼모

무왕이 말하기를,

"집에 열 도둑이 없는데도 부유하지 못한 것은 어찌하여 그럽니까?"

태공이 말하기를,

"그런 사람의 집에는 반드시 세 가지의 없어짐이 있을 것입니다."

武王이 曰 何名三耗닛고.
무왕 왈 하명삼모

太公이 曰 倉庫漏濫不蓋하여
태공 왈 창고누람불개

鼠雀亂食이 爲一耗요.
서작난식 위일모

무왕이 말하기를,

"무엇을 가리켜 세 가지의 없어짐이라 합니까?"

태공이 말하기를,

"창고가 뚫려 있음에도 가리지 않아 쥐와 새들이 마구 먹어 대는 것이 첫째의 없어짐이요."

> **收種失時가 爲二耗요.**
> 수 종 실 시 위 이 모

"거두고 씨뿌림에 때를 놓치는 것이 둘째의 없어짐이요."

＊**수종(收種)** 거두고 씨 뿌리는 것.

> **抛撒米穀穢賤이 爲三耗니이다.**
> 포 살 미 곡 예 천 위 삼 모

"곡식을 흩뜨리어 더럽고 천하게 다루는 것이 셋째의 없어짐입니다."

＊**포살(抛撒)** 흩뜨리는 것.

8

입과 말

　이 세상의 모든 일은 말로부터 시작됩니다. 착한 일도 말로부터 나오고, 악한 일도 말 때문에 생기는 것입니다. 그러니 말이 얼마나 중요한지 모릅니다.

　말의 중요성은 '말 한 마디로 천 냥 빚을 갚는다.'는 속담을 봐도 알 수 있습니다. 옛날 돈 천 냥이라면 굉장히 많은 돈인데, 이렇게 많은 빚도 말 한 마디 잘하면 갚아진다는 것입니다.

　그런가 하면 싸움이 생기고, 서로 친하던 사이가 벌어지게 되는 까닭도 한 마디의 나쁜 말 때문입니다.

　이처럼 사람의 입에서 나오는 말은 듣는 사람의 마음을 즐겁게도 하고 노하게도 만듭니다. 또, 사람을 죽이기도 하고

살리기도 합니다. 그러므로 함부로 입을 열거나 아무 말이나 마구 내뱉어서는 안 됩니다.

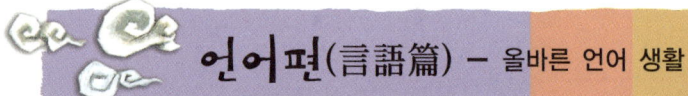

언어편(言語篇) - 올바른 언어 생활

劉會 曰 言不中理면 不如不言이니라.
유회 왈 언부중리 불여불언

유회가 말하기를, "말이 이치에 맞지 않으면 말하지 않은 것만 못하다."고 하였습니다.

一言不中이면 千語無用이니라.
일언부중   천어무용

한 마디 말이 맞지 않으면 천 마디 말이 쓸데없느니라.

*君平 曰 口舌者는 禍患之門이요,
군평 왈 구설자   화환지문

滅身之斧也니라.
멸신지부야

군평이 말하기를, "입과 혀는 화와 근심의 문이요, 몸을 망치는 도끼와 같은 것이다."고 했습니다.

*군평(君平) 미상.

>*利人之言은 煖如綿絮하고
>이인지언　난여면서
>傷人之語는 利如荊棘하여
>상인지어　이여형극
>一言半句 重値千金이요,
>일언반구 중치천금
>一語傷人에 痛如刀割이니라.
>일어상인　통여도할

사람을 이롭게 하는 말은 솜같이 따뜻하고, 사람을 상하게 하는 말은 가시 같아서, 한 마디의 말이 무겁기가 천금과 같고, 한 마디의 말이 사람을 상처 입게 함은 아프기가 칼로 베는 것과 같다.

* **이인(利人)** 사람을 이롭게 하는 것.

>口是傷人斧요 言是*割舌刀니
>구시상인부　언시할설도
>閉口*深藏舌이면 安身處處牢니라.
>폐구심장설　　안신처처뢰

입은 사람을 상하게 하는 도끼요, 말은 혀를 베는 칼이니, 입을 막고 혀를 깊이 감추면 몸이 어느 곳에 있으나 편안할 것이다.

* **할설도(割舌刀)** 혀를 베는 칼.
* **심장설(深藏舌)** 혀를 깊이 감추는 것.